Marina Kasimir

Gugelhupf ganz gross

145 Rezepte aus 300 Jahren

Leopold Stocker Verlag
Graz - Stuttgart

Titelbild, Fotos Umschlagrückseite und Rezeptbilder: Anna Höller

Die Fotos von den Gugelhupfmodeln stammen von der Autorin,
von Florian Flaschel und von Thomas Johann Höring. Die übrigen allgemeinen Abbildungen wurden von der Autorin zur Verfügung gestellt, sofern nicht anders erwähnt.

Bibliografische Information der Deutschen Nationalbibliothek
Die Deutsche Nationalbibliothek verzeichnet diese Publikation in der Deutschen Nationalbibliographie; detaillierte bibliographische Daten sind im Internet über http://dnb.d-nb.de abrufbar.

Hinweis:
Dieses Buch wurde auf chlorfrei gebleichtem Papier gedruckt. Die zum Schutz vor Verschmutzung verwendete Einschweißfolie ist aus Polyethylen chlor- und schwefelfrei hergestellt. Diese umweltfreundliche Folie verhält sich grundwasserneutral, ist voll recyclingfähig und verbrennt in Müllverbrennungsanlagen völlig ungiftig.

Auf Wunsch senden wir Ihnen gerne kostenlos unser Verlagsverzeichnis zu:

Leopold Stocker Verlag GmbH
Hofgasse 5
Postfach 438
A-8011 Graz
Tel.: +43 (0)316/82 16 36
Fax: +43 (0)316/83 56 12
E-Mail: stocker-verlag@stocker-verlag.com
www.stocker-verlag.com

ISBN 978-3-7020-2034-7

Umschlaggestaltung, Layout und Repro
Werbeagentur Rypka GmbH, 8143 Dobl/Graz, www.rypka.at

INHALT

5 VORWORT

6 EINLEITUNG

6 GESCHICHTE DES GUGELHUPFS

7 BEGRIFFSERKLÄRUNG

9 DER „MODEL" – DIE GUGELHUPFFORM
9 Ohne Form kein Gugelhupf!
9 Form & Funktion
10 Model aus verschiedenen Materialien

13 WELCHE GRÖSSE IST RICHTIG?
14 Zu wenig bzw. zu viel Teig
14 Verschiedene Dunstkochmodel

15 ZUBEREITUNG & ZUTATEN
15 Germteig-, Rührteig- und Dunstgugelhupfe
15 Ingredienzien

17 ÜBER MASSE UND GEWICHTE FRÜHER UND HEUTE
17 Hand- und Augenmasse
17 Gewichts- und Hohlmasse
18 Das metrische System

19 BEVOR'S ANS BACKEN GEHT
19 Besonderheiten von alten Rezepten
19 Allgemeines und Wissenswertes zu den Rezepten
21 Glasuren

22 RESTEVERWERTUNG
23 Originalrezepte – Transkriptionen

GERMTEIG-GUGELHUPFE

26 AM ANFANG WAR DER TEIG ...

26 TRIEBMITTEL GERM
26 Einst flüssig, jetzt gepresst
27 Vom Hefewürfel zur Trockenhefe
27 Wie viel Hefe braucht der Teig?
27 Inhaltsstoffe und positive Wirkung

28 HERAUSFORDERUNG HEFETEIG
28 So gelingt Ihr Hefeteig

29 ARTEN DES HEFETEIGES
29 Was ist ein „Dampfl"?
29 Abgeschlagener Hefeteig
29 Abgetriebener Hefeteig
30 Direkter Hefeteig
30 Gehen lassen
30 Kalt gestellter Hefeteig
32 Einen Gugelhupf zu backen
34 Butterlaibl
35 Gugelhupf sehr fein
35 Feiner Gugelhupf
36 Gugelhupf der Anna Plochl aus Aussee
36 Waltersdorfer Gugelhupf
38 Olmützer Gugelhupf
38 Erdäpfel-Germgugelhupf
39 Kugelhupf ohne Milch
40 Gugelhupf ohne Milch auf einfache Art
40 Mandelgugelhupf
41 Böhmischer „ordinärer" Gugelhupf
41 Böhmischer Mohngugelhupf
42 Krebsgugelhupf sehr fein
42 Krebsgugelhopf auf einfache Art
44 Altwiener Patzerlgugelhupf
46 Gerollter Mohngugelhupf
46 Mohngugelhupf aus Niederösterreich
48 Gmundner Korintengugelhupf
48 Gugelhupf mit Trockenobst
50 Kärntner Rein(d)ling
50 Ofenkatze – (Vorarlberger Gugelhupf)
51 Kärntner Rein(d)ling – auf feinere Art
51 Orangengugelhupf
52 Lungauer „Grantnnudel"
52 „Mandeltköjlhopf" aus dem Elsass
54 Le Kouglof
55 Elsässischer Kougelhopf anderer Art
55 Slowenische Nusspotitze
56 Steirische Nusspotitze
56 Estragonpotitze nach dem Hausrezept einer Freundin
57 Estragonpotitze

KLOSTERKÜCHEN-REZEPTE

60 KULINARISCHE SCHÄTZE AUS KLÖSTERN

60 DUNSTKOCH-GUGELHUPFE
61 Guter Mandelgugelhupf der Ursulinen in Salzburg
62 Rotwein-Schokoladen-Nuss-Gugelhupf
62 Warmer Topfen-Dunstgugelhupf
64 Marmorgugelhupf mit Waldviertler Mohn
64 Kichererbsen-Dunstgugelhupf
66 Gogelhopf mit Mandeln zu machen
66 Warmer Fischgugelhupf
68 Starkbiergugelhupf
68 Parmesan-Dunstgugelhupf
70 Fisch-Dunstgugelhupf
70 Wallergugelhupf mit Speck

HOFKÜCHEN-REZEPTE

74 GUTES AUS DER K.-U.-K.-HOFKÜCHE

74 GUGELHUPFE FÜR DEN HOF
75 Steinkogler Gugelhupf für seine Majestät Franz Joseph I.
75 Gugelhupf seiner Majestät Kaiser Franz Joseph I.
76 Schratt-Gugelhupf für seine Majestät vom Zauner
76 Gugelhupf seiner Majestät auf andere Art
78 Kugelhupf
78 Gugelhupf für Erzherzog Ludwig Joseph
80 Gugelhupf Ihrer Majestät Kaiserin Elisabeth
80 Gugelhupf Ihrer Majestät auf andere Art
82 Feiner Gugelhupf Ihrer Majestät Kaiserin Elisabeth
82 Rahm-Dunstgugelhupf
83 Kaiser-Mandel-Dunstkoch
83 Maroni-Dunstgugelhupf

84 DUNSTKOCHE & DESSERTS

84 IM DUNST GEGARTE GUGELHUPFE - PIKANT UND SÜSS
84 WAS BRAUCHT MAN FÜR EIN „DUNSTKOCH"?
85 GAREN IM WASSERBAD
85 STÜRZEN
86 Kartoffel-Dunstgugelhupf
86 Sehr feiner Spargel-Dunstgugelhupf
88 Gemüse-Dunstkoch
88 Dunstgugelhupf mit frischem Brimsen oder Schafskäse
90 Polenta-Dunstgugelhupf
90 Fleisch-Dunstgugelhupf
92 Ragout-Dunstgugelhupf
92 Leber-Dunstgugelhupf
94 Krabben-Dunstgugelhupf
94 Champignon-Dunstgugelhupf
96 Thunfisch-Gugelhüpfchen (gesulzt)
96 Brokkoli-Dunstgugelhupf
98 „Mohr im Hemd"
98 Baumwoll-Dunstkoch
100 Kleine warme Grieß-Gugelhüpfchen
100 Kleine Orangen-Mandel-Gugelhüpfchen
102 Fruchtiger Beeren-Gugelhupf
102 Mandelschaum-Dunstgugelhupf
104 Polenta-Gugelhüpfchen mit weißer Schokolade
104 Weingugelhupf mit Muskateller
106 Topfenmousse-Gugelhupf
106 Eisgugelhupf
107 Schokoladenparfait-Gugelhupf
107 Marillenparfait-Gugelhupf

RÜHRTEIG-GUGELHUPFE

110 DER RÜHRTEIG

110 WISSENSWERTES ZUR TEIGLOCKERUNG
110 WEINSTEIN ZUR LOCKERUNG
110 ZUR GESCHICHTE DES BACKPULVERS

111 ZUBEREITUNG VON RÜHRTEIGEN
112 Biskottengugelhupf
112 Obersgugelhupf
114 Sacher-Gugelhupf
114 Einfacher Gugelhupf („Sonntagsbunkel")
116 Schratt-Gugelhupf aus klassischem Rührteig
116 Rosinengugelhupf
117 Grieß-Kugelhupf ohne Fett
117 Marzipangugelhupf
118 Nonna Marinas Marmorgugelhupf
118 Marzipan-Schokoladen-Gugelhupf
120 Echter Schokoladengugelhupf
120 Zucchini-Öl-Gugelhupf
122 Ameisengugelhupf „Tante Helene"
122 Marmorgugelhupf nach Art des Hauses Demel
124 Königin-von-Saba-Gugelhupf (glutenfrei)
124 Schokoladengugelhupf (glutenfrei)
126 Mayerlinger Gugelhupf
126 Topfen-Zitronen-Gugelhupf auf italienische Art
127 Topfengugelhupf auf einfache Art
127 Topfen-Ingwer-Gugelhupf
128 Kaffeegugelhupf à la Marinissima
128 Mandel-Schokoladen-Gugelhupf (glutenfrei)
130 Reichhaltiger Rosinengugelhupf
130 Marzipangugelhupf auf andere Art
131 Nussgugelhupf mit Schokoladenstückchen
131 Nussgugelhupf auf andere Art
132 Aranzini-Schokoladen-Gugelhupf
132 Kokos-Ingwer-Gugelhupf
134 Mohn-Nuss-Gugelhupf mit weißer Kuvertüre
134 Erdäpfel-Mohn-Gugelhupf (glutenfrei)
136 Mohngugelhupf (glutenfrei)
136 Mohngugelhupf auf andere Art (glutenfrei)
137 Mariazeller Ölgugelhupf
137 Irenes Ölgugelhupf
138 Biergugelhupf mit Zuckerguss
138 Wiener Ölgugelhupf (marmoriert)
140 Kürbiskernölgugelhupf (marmoriert)
140 Kürbiskernölgugelhupf
142 Karottengugelhupf (glutenfrei)
142 Punsch-Gugelhupf
144 Glühwein-Orangen-Gugelhupf
144 Schokoladengugelhupf
146 Eierlikörgugelhupf
146 Vollkorngugelhupf
148 Kleine Rumgugelhüpfchen mit Trockenfrüchten
148 Nougatgugelhupf
150 Kirschen-Öl-Gugelhupf
150 Apfel-Nuss-Gugelhupf

SALZIGE GUGELHUPFE

154 GUGELHUPF MAL ANDERS

154 PIKANTE KÖSTLICHKEITEN
155 „Brezn-Gugelhupf" aus Bayern
155 Schinken im Gugelhupf
156 Drei-Käse-Gugelhupf
156 Forellenkaviar-Dunstgugelhupf
158 Gugelhupf „agli aromi italiani"
158 Safran-Nuss-Gugelhupf
160 Walnussgugelhupf „Umbrien"
160 Speckgugelhupf
162 Appetit-Gugelhupf
162 Einfacher Germgugelhupf mit Schinken
164 Wein-Kürbis-Gugelhupf
164 Käsegugelhupf mit Brie

KRIEGS-REZEPTE

168 REZEPTE AUS NOT- UND KRIEGSZEITEN
169 Bohnengugelhupf
170 Gugelhupf aus Erdäpfelmehl ohne Fett
170 Wiener Kriegsgugelhupf mit Gersten-, Mais- und Erdäpfelmehl
172 Kriegsgugelhupf mit Maismehl
172 „Billiger Gugelhupf" aus Maismehl
174 Graham-Gugelhupf
174 Gugelhupf ohne Fett und Ei (glutenfrei)

VORWORT

GRÜSS GOTT, LIEBE LESERIN UND LIEBER LESER!

Sie halten mit dem Buch „Gugelhupf ganz groß" ein Backbuch in den Händen, welches ausschließlich dem Thema Gugelhupf gewidmet ist. Vielleicht fragen Sie sich, woher die vielen Rezepte und Anregungen kommen: Der Gugelhupf, dieses historische und sehr österreichische Backwerk, fasziniert mich wegen seiner Form, seiner Geschichte und nicht zuletzt wegen seiner Tradition als Festtags- und Alltagsgebäck seit meiner Jugend.

Mein Interesse an Kochliteratur trug das Ihre dazu bei. Nachdem ich in unzähligen Kochbüchern auf eine Vielzahl an Gugelhupfrezepten gestoßen war, manifestierte sich in mir der Wunsch, nach dem ältesten schriftlich dokumentierten Rezept zu forschen und mich intensiv mit allem zu beschäftigen, was zum Thema Gugelhupf gehört. Daraus wurde eine große Sammlung von ca. 1800 Rezepten, alle als Faksimile mit Quelle. Natürlich gibt es Doubletten mit kleinen Abweichungen. Einen Großteil der Rezepte aus über 300 Jahren habe ich nachgebacken, gelegentlich habe ich Kleinigkeiten den heutigen Ansprüchen angeglichen. Sie wurden von mir erprobt und als für unsere Zeit tauglich befunden.

Ein Kochbuch
gleicht stets den Büchern der Sybille;
Nur der enträtselt es,
der mit der Praxis Brille
zu lesen es vermag,
sonst bleibt es ewig stumm,
und hilflos dreht er sich
im Kreis herum.

Eduard von Siber OSB
Mönch von Stift Melk, 1850

Die Rezepte in diesem Buch sind eine Auswahl aus alten gedruckten Kochbüchern, aber auch aus handschriftlichen Aufzeichnungen. Außerdem habe ich Rezepte aufgenommen, die mir Freunde als deren Familienrezepte überlassen haben. Die für den Stocker Verlag tätige Küchenmeisterin Joana Gimbutyte hat dankenswerterweise jene Gugelhupfe nachgebacken, die Sie auf den Fotos sehen können.

Ich wünsche Ihnen viel Freude bei der Lektüre der Rezepte, gutes Gelingen beim Nachbacken und Lob von Ihrer Familie und von Freunden, die in den Genuss Ihrer Gugelhupfe kommen werden!

Marina Kasimir, Salzburg 2022

Für meine Tochter Marie-Theres, meine Enkel Clemens, Inigo und Amaia und alle Freunde, die gerne zu mir kommen!

Ut in omnibus glorificetur Deus!

EINLEITUNG
GESCHICHTE DES GUGELHUPFS

Ob „Gogelhopff", „Kugelhopf", „Cougloff", „Kuckelhopf" oder „Kugelhupf" – je nach Region ist unter diesen und noch vielen anderen Namen **ein** **über**aus beliebtes Gebäck bekannt: Unser Gugelhupf!

Er hat eine lange Geschichte und machte ab Ende des 16. Jahrhunderts Karriere in allen deutschsprachigen Ländern und jenen der Habsburgermonarchie. Er war ein Festtagsgebäck, zunächst gegenwärtig in den höfischen Küchen. Nach und nach, mit dem wachsenden Wohlstand, wurde er zum unverzichtbaren König jeder bürgerlichen, später auch ländlichen Kaffeejause. Wahrscheinlich war es seine gefällige Form, die ihm zu diesem Siegeszug verhalf. Heute ist der Gugelhupf sogar das Wahrzeichen der österreichischen Konditoren.

Seine Anfänge liegen etwa **2000 Jahre** zurück im Alten Rom. Mit ein wenig Fantasie kann man in der Architektur des Vestatempels bereits die heutige Form unseres Gugelhupfes erkennen.*
Vesta, der keuschen Hüterin des Heiligen Feuers und Göttin von Heim und Herd, wurde alljährlich an ihrem eigenen Fest, der Vestalia, ein Opferkuchen dargebracht, der angeblich Ähnlichkeit mit der Architektur ihres Tempels hatte.

Der Tempel war kreisrund, und in der Mitte über dem immer brennenden heiligen Feuer war das Dach offen. Vestalinnen wurden schon im Kindesalter erwählt. Sie waren zur Jungfräulichkeit verpflichtete Priesterinnen, die in einem eigenen Hause neben dem Tempel lebten, um ihre Aufgabe, das ewige Feuer zu hüten, ausführen zu können. Mit dem 40. Lebensjahr wurden sie entlassen. Sie genossen hohes Ansehen im römischen Staat und in der Bevölkerung, da ihre Herrin Vesta eine der wichtigsten Gottheiten war.

Archäologische Funde von Gugelhupfmodeln aus dem **2. Jh. n. Chr.** in Carnuntum (Niederösterreich, ehemalige römische Zivilstadt des Militärlagers Vindobona) sowie in anderen ehemaligen Römerstädten Europas bezeugen, dass der Gugelhupf in der uns bekannten Form – mit Rillen, mit und ohne Zapfen oder Kamin – tatsächlich bei den Römern bekannt war. In den Wirren der Völkerwanderung ging er aber „verloren".

Ab dem **16. Jh.** erlebte der Gugelhupf eine Renaissance. Nach Erfindung der Buchdruckerkunst finden sich in fast allen gedruckten Kochbüchern Gugelhupfrezepte. Im „Nürnberger Allgemeinen Kochbuch" von 1691 gibt es sogar fünf ähnliche (und dennoch verschiedene) „Gogel-Hopffen"-Rezepte. Eines dieser fünf alten Rezepte finden Sie in diesem Buch auf 32/33.

In der **Biedermeierzeit** wurde eine Jause mit Gugelhupf zum Inbegriff der häuslichen Gemütlichkeit des Bürgertums. Auch am Land im bäuerlichen Milieu etablierte er sich als begehrte Mehlspeise.

Für so manchen **Auswanderer** wurde der Gugelhupf zum Symbol für die verlassene Heimat und wurde so auch in andere Länder getragen.

Der noch rechtzeitig aus Wien emigrierte österreichische Drehbuchautor, Liedertexter und Filmregisseur von Weltruf, Walter Reisch (*übrigens ein* Cousin von Georg Kreisler), berichtete aus Los Angeles 1938:

„Um ein Bild von unseren Sonntagnachmittagen zu geben: Es ist wirklich eine Wiener Jause, zu der wir uns treffen, mit Melange, Schlagobers, Nusskipferln und Gugelhupf."

Der Gugelhupf nimmt und nahm einen besonderen Platz in der **Elsässischen Esskultur** ein. Die Franzosen sind überzeugt, dass der **„Couglof"** (regional auch als **Kougelhopf** bezeichnet) seinen Ursprung im elsässischen Städtchen Ribeauville hat, wo heute noch alljährlich am zweiten Sonntag im Juni eine **„Fète du Kougelhopf"** stattfindet.

* Abbildungen dazu finden Sie z. B. auf https://de.wikipedia.org/wiki/Tempel_der_Vesta_(Forum_Romanum)#/media/Datei:Temple_of_Vesta_3D.jpg.

BEGRIFFSERKLÄRUNG

Es gibt mannigfache Theorien über seinen Namen, über die sich die Volkskundler nicht einig sind. Eine realistische Erklärung des zusammengesetzten Substantives ist folgende:

Im Mittelalter wurden sowohl die Kopfbedeckung der Mönche, eine Kapuze (lat. *cuculla*), die kunstvoll gebundenen Kopftücher der Frauen sowie ein Turban als **„Gugel“** bezeichnet. Es gibt tatsächlich eine Ähnlichkeit zwischen der Form des Gugelhupfes und den oben genannten Kopfbedeckungen.

Der zweite Wortteil **„Hupf“** bezieht sich höchstwahrscheinlich auf das Gehen des Teiges durch das Lockerungsmittel Germ oder auf das „Heraushüpfen“ des fertigen Gebäcks aus der Form.

In der älteren Kochliteratur finden wir das Wort „Gugelhupf“ – abhängig von der Region und häufig auch vom Wandel der Schreibweise im Laufe der Zeit – in vielen Variationen, hier seien einige Beispiele genannt:

VERSCHIEDENE SCHREIBWEISEN IM LAUFE DER ZEIT

Goglhopffen	*1691 (Nürnberger Kochbuch)*
Kugel-Hopf	*1692 (Sophie Schelhammer)*
Kugel-Hopff	*1701 (Granat-Apfel)*
Gogel-Hopfen	*1715 (Hohberg, Bewährts wohleingerichtetes Koch-Buch)*
Gogelhopff	*1719 (Hagger, Saltzburgisches Koch-Buch)*
Gogel-Hoffen	*1749 (o. N., Bewährtes wohlleingerichtetes Koch-Buch, Nürnberg)*
Gugelhopff	*1736 (M. Thersia Voigtin, Wien, Kurtzer Unterricht / in welchen Unterschiedene Speisen gut zuzubereiten beschrieben sind)*
Gugl Hopf	*1774*
Gugelhopf	*1750 (Hagger, Neues Saltzburgisches Kochbuch)*
Gugelhopf	*1750 (Bewehrtes Koch-Buch, Wien)*
Gugelhopf	*1772 (Wienerisches bewährtes Koch-Buch)*
Gugl Hopf	*1774 (Theresia Pitzerin, handgeschrieben)*
Gugelhopf	*1787 (Gartler, Wienerisches bewährtes Kochbuch)*
Kugelhopfen	*1789 (Der Wienerische Mundkoch oder Handbuch von Zubereitung der schmackhaftesten Speisen)*
Gogelhopfen	*1791 (Neues lehrreiches und vollständiges Magazin vor junges Frauenzimmer die ganze Koch.Kunst, Carlsruhe)*
Gugelhopfen	*1795 (Oekonomisches Handbuch f. Frauenzimmer)*
Gugelhopf	*1796 (Marianna Wieserinn, Neues, selbst verfaßtes Kochbuch, Wien)*
Gogelhopfen	*1797 (Marianna Catharina Lindau, Die Steyermärkische Köchin oder neues bürgerliches Kochbuch für alle Stände)*
Kuckelhupf	*1798 (Franziska Stocklin, Neue Wiener Kochschule für Frauenzimer, die sich nach dem herrschenden Geschmack mit Ökonomischer Befließenheit zu Köchinnen zu bilden Willens sind)*

Gugelhupf	*1799 (Katharina Braunin, Neues, bewährtes Kochbuch)*
Kuckelhupf bzw. Guckelhupf	*1810 (Maria Anna Rudisch, Mein eigenes geprüftes Kochbuch Wien)*
Guckelhupf	*1810*
Kugelhupf	*1835 (Pesther Kochbuch, Ungarn)*
Kugelhupf	*1837 (Linzer Kochbuch)*
Kugelhupf	*1840 (Elisabeth Stöckel, Die bürgerliche Küche, Wien)*
Kugelhupf	*1843 (Bayerisches Kochbuch für alle Stände, Nürnberg)*
Kugelhupf	*1867 (Rettigova, Die Hausköchin, Prag)*
Gugelhopf und Gugelhupf	*zu Beginn des 19. Jahrhunderts*

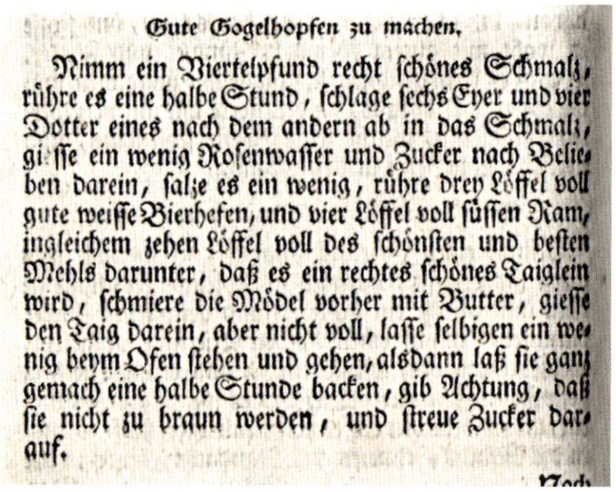

Gute Gogelhopfen zu machen.

Nimm ein Viertelpfund recht schönes Schmalz, rühre es eine halbe Stund, schlage sechs Eyer und vier Dotter eines nach dem andern ab in das Schmalz, giesse ein wenig Rosenwasser und Zucker nach Belieben darein, salze es ein wenig, rühre drey Löffel voll gute weisse Bierhefen, und vier Löffel voll süssen Ram, ingleichem zehen Löffel voll des schönsten und besten Mehls darunter, daß es ein rechtes schönes Taiglein wird, schmiere die Mödel vorher mit Butter, giesse den Taig darein, aber nicht voll, lasse selbigen ein wenig beym Ofen stehen und gehen, alsdann laß sie ganz gemach eine halbe Stunde backen, gib Achtung, daß sie nicht zu braun werden, und streue Zucker darauf.

VERSCHIEDENE BEZEICHNUNGEN IN UNTERSCHIEDLICHEN REGIONEN

Gugelhupf	*Österreich*
Ofenkatze, Chatt	*Vorarlberg*
Puff (mit Germ)	*Vorarlberg, Tirol*
Bunkel, Schlögl, Schedl, Schober, Wagga (meist Form ohne Zapfen)	*Oberösterreich*
Widder (Form mit oder ohne Zapfen)	*Steiermark*
Butterlaibel, Topfkuchen	*Süddeutschland, Bayern, Salzburg*
Butter-Laiblein	*Hallein (1679 handschriftliches KB Carolus Robekh)*
Bund-Kuchen	*Baden*
Puff, Puffer	*Niederbayern*
Radong	*Augsburg (1789 Sophia Juliana Weilerin, Augsburgisches Kochbuch)*
Napfkuchen	*Norddeutschland, Sachsen*
Kachelkuchen	*Sachsen*
Topfkuchen	*Niedersachsen*
Eywasch	*Obersachsen*
Aschkuchen, Rodong, Schatt	*Deutschland*
Couglof, Kougelhopf	*Elsass*
Savarein	*Frankreich*
Buchta, Baba	*slawische Kronländer*
Plumcake	*England*

Die vielen verschiedenen Bezeichnungen geben Zeugnis über die Verbreitung des Gugelhupfs in ganz Europa.

DER „MODEL" - DIE GUGELHUPFFORM

Was heute als Gugelhupfform bezeichnet wird, hat früher „Model" geheißen. Wie der Gugelhupf selbst hatten auch die Model verschiedene Bezeichnungen. Je nach Region wurden sie Beck, Becken, Rein, Tögl, Melaunmodel, Bundform etc. genannt.

OHNE FORM KEIN GUGELHUPF!

Wenn Sie einen Gugelhupf backen wollen, brauchen Sie eine Gugelhupfform, kurz einen „Model". Alle kennen seine gefällige Form: rund, die Wände gerillt und in der Mitte ein „Kamin". Sicher hat auch die ästhetische Form des Gugelhupfs zu seiner Beliebtheit beigetragen und ihn zur Zierde einer festlichen Tafel werden lassen.

FORM & FUNKTION

Die typischen Rillen – so die Deutung einiger Historiker – haben bei den Römern das **Sonnenrad oder den Sonnenwirbel** versinnbildlicht. In der Praxis vergrößern sie die Oberfläche und bewirken ein **besseres Backergebnis.** Dies gilt auch für den **Kamin,** durch den die heiße Luft zieht und das Gebäck von innen gart.

Die in Noricum und Carnuntum gefundenen Formen der Römer waren aus Bronze und hatten keinen Kamin.

Gugelhupfmodel aus Hafnerware, entnommen aus: „Die wohlunterwiesene Köchinn / Das ist Unterricht / Wie man alle Speisen / So nur in Deutschland bekant seyn mögen …" von Sofie Schellhammer, 1692

Im **Barock** gab es natürlich auch äußerst **kunstvoll gestaltete Gugelhupfformen.** In Wien in der Hof-Silberkammer kann man eine Unzahl von verschiedenen Modellen aus Kupfer bestaunen.

Kunstvoller Model aus dem 19. Jahrhundert, der von seiner Form her einem barocken Model nachempfunden ist.

Eine Sonderform hat der **Gugelhupfmodel aus dem Elsass.** Er ist immer aus Keramik, der Korpus verläuft in einem steileren Winkel nach oben und hat einen wulstigen Rand.

Die typischen Elsässer Model waren immer aus Keramik.

Die **Bundform,** im Westen Deutschlands gebräuchlich, ist eine Sonderform, sie hat nur am Boden Rillen und seitlich einen hohen glatten Rand.

Deutsche Bundform aus Blech

Die Form der Model variierte von Gegend zu Gegend, hier sehen Sie ein Beispiel für einen Model, wie er bei den *Ungarn-Deutschen* üblich war. In dieser Kultur war der Gugelhupf ein Hochzeitsgebäck. Da brauchte man 30–35 Gugelhupfmodel, die man natürlich nicht alle selbst besaß, sondern von den Nachbarn ausborgte. Gebacken wurden diese vielen Gugelhupfe damals in großen Holzbacköfen.

GUGELHUPF-MODEL AUS HAFNERKERAMIK

Sonderformen sind die **Potitzenformen** in der Steiermark und die **Reindlingformen** in Kärnten. Reindlinge wurden ursprünglich in Reindln (die damals aus Keramik waren) gebacken. Häufig waren diese Keramik-Reindln gerillt (also wie ein Gugelhupfmodel), hatten jedoch keinen Kamin. Sie wurden im Volksmund „Weibl" genannt. Potitzen wurden (und werden auch heute noch) manchmal in länglichen Kastenformen gebacken. Jedoch ist heute bei Reindling und Potitze die Gugelhupfform die verbreitetste, es werden nicht mehr nur Keramikmodel ohne Kamin dafür verwendet, sondern auch Gugelhupfformen aus Blech, Aluminium oder Kupfer – was eben im jeweiligen Haushalt vorhanden ist.

MODEL AUS HAFNERKERAMIK OHNE KAMIN, EIN SOGENANNTES „WEIBL"

MODEL AUS VERSCHIEDENEN MATERIALIEN

Aus der Renaissance- und Barockzeit kennt man Model aus **Kupfer**, die innen verzinnt waren; diese waren den Adels- und wohlhabenden Bürgerhäusern vorbehalten. Sie waren handgetrieben, schön ausgearbeitet und dienten auch als Zierde an den Küchenwänden.

BAROCKE GUGELHUPFMODEL (UM 1850 OBEN, 1900 MITTE), UNTEN SIND EIN GROSSER UND EIN GANZ KLEINER KUCHENMODEL AUS KUPFER ZU SEHEN.

Im ländlichen Bereich gab es bis zum 19. Jahrhundert ausschließlich Gugelhupfmodel aus **Hafnerkeramik**, anfangs handgearbeitet, später gepresst. Die Keramik wurde später vom **Steinzeug** abgelöst. Je nach Grundmaterial und Fundort der Tonerde hatten diese Model verschiedene Farben, unabhängig von der Glasur.

VERSCHIEDENE KERAMIKMODEL: HANDGEFORMT (RE. OBEN), VERSCHIEDENE GRÖSSEN (MITTE) UND HAFNERWARE UM 1900 (LI. UNTEN)

Model aus Gusseisen waren im Norden Deutschlands gebräuchlich und hatten meist ein sehr großes Fassungsvermögen. Gusseisenmodel konnten auch emailliert sein.

AUSSERGEWÖHNLICHER BLECHMODEL AUS ÖSTERREICH (UM 1900)

INNEN UND AUSSEN EMAILLIERTER GUSSEISENMODEL MIT GEZACKTEM RAND AUS DEUTSCHLAND (UM 1890)

DEUTSCHER GUSSEISENMODEL IN EINER SONDERFORM: NUR INNEN EMAILLIERT, OHNE RAND, MIT AUSSERGEWÖHNLICHEM RILLENMUSTER

DREI WIENER FORMEN AUS BLECH (GROSS, MITTEL UND KLEIN)

Im 19. Jahrhundert, in dem auch der Gugelhupf immer beliebter und bekannter wurde, erzeugte man die Model aus **verzinntem Blech oder emailliertem Metall.**

Die **emaillierten Model** gab es in verschiedensten Größen, sie waren entweder weiß, hellblau, dunkelblau, grau gesprenkelt, braun oder schwarz. Sie waren einfacher gestaltet als die barocken Formen und unterschieden sich von anderen Modeln durch den glatten Rand oben. Dies war die sogenannte „Wiener Form“.

Neben diesen Modeln aus verschiedenen Materialien gibt es noch **Model aus Aluminium.**

EMAILLIERTE MODEL (WIENER FORM) IN VERSCHIEDENEN FARBEN

EMAILLIERTE BLECHMODEL (WIENER FORM)

ZU DEN AUSSERGEWÖHNLICHEN MODELN ZÄHLT Z. B. DIESER MODEL FÜR GELEE ODER SULZEN.

Der neueste Trend sind Model aus **Silikon**, die sehr beliebt sind, weil sich die Backwerke (oder bei Desserts auch die gekühlten Massen) gut aus der Form lösen und nicht kleben bleiben.

Model aus Silikon

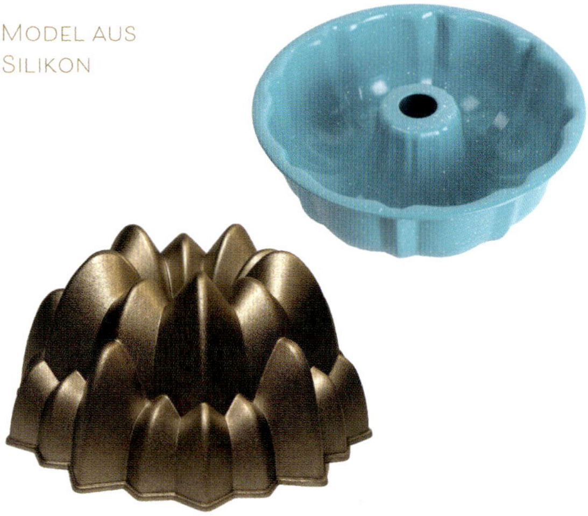

Seit einigen Jahren werden auch Model kreiert, die statt Rillen kunstvolle Muster aufweisen.

Eine Besonderheit stellen die im **Dunst gegarten Gugelhupfe** dar (früher **„Dunstkoch"** genannt, heute auch manchmal als „Pudding" bezeichnet). Für ihre Zubereitung gibt es eigene Model, die aus zwei Teilen bestehen: Der Unterteil ist ein Gugelhupf mit steilem Winkel und geschlossenem Kamin, der Oberteil ein gut schließender Deckel.

Diese Formen sind immer aus Metall (Metall leitet die Wärme besser als Keramik), und zwar meist aus verzinktem Blech. Das Dunstkoch war im 19. Jahrhundert äußerst modern, und seit dieser Zeit finden wir Dunstkochmodel in diversen Größen, für den kleinen und den mittleren Haushalt.

Auch heute werden wieder Dunstkochmodel erzeugt, gelegentlich aus Aluminium, die ich nicht empfehlen kann, weil sie zu leicht sind und nicht gut im Wasserbad stehen bleiben. Falls Sie aber bereits eine Aluminiumform besitzen, dann gibt es einen „Hausfrauentrick": Legen Sie einfach einen großen Stein oder ein altes Gewicht auf den Deckel, und die Form steht sicher im Wasserbad.

Früher erfolgte die Zubereitung in einem Topf (mit Wasser bis zur Hälfte der Dunstkochmodel-Höhe gefüllt) auf dem Herd. Diese Zubereitung empfehle ich auch heute, obwohl man Dunstgugelhupfe fallweise auch im Backofen in einem Wasserbad bei 180 °C garen kann (ist dann im Rezept jeweils vermerkt; nähere Informationen über Dunstkoche finden Sie ab auf den Seiten 60, 84 und 85).

Hinten ein Dunstkochmodel der Fa. Matauschek (Wien) aus den 1960er Jahren, vorne ältere Model.

Jeder Dunstkoch-Model braucht einen gut schliessenden Deckel und einen geschlossenen Kamin (Fa. Matauschek, Wien).

WELCHE GRÖSSE IST RICHTIG?

Bei jedem Rezept in diesem Buch ist die jeweils benötigte Größe des Gugelhupfmodels durch gezeichnete Gugelhupfformen angegeben: klein (15–18 cm Ø), mittel (20 cm Ø) oder groß (22–24 cm Ø), wobei die benötigte Größe stärker hervorgehoben ist.

klein *mittel* *groß*

Sie werden feststellen, dass für viele Rezepte große Model benötigt werden. Das hat folgenden Grund: Zumal früher die Familien zahlreiche Mitglieder hatten, sind die Zutatenmengen bei älteren Rezepten im Verhältnis zu moderneren Rezepten höher; ältere Gugelhupfmodel waren daher im Allgemeinen größer als heute großteils übliche Model und hatten manchmal bis über 3 Liter Fassungsvermögen. Heute wird in den meisten Haushalten wahrscheinlich ein Gugelhupfmodel in mittlerer Größe in der **„Wiener Form“**, also mit einem geraden Rand oben, vorhanden sein. Die „Wiener Form“ gibt es allerdings in 5 Größen:

Größe	Ø	Fassungsvermögen
ganz klein	15 cm	1 Liter
klein	18 cm	1,6 Liter
mittel	20 cm	2 Liter
groß	22 cm	3 Liter
sehr groß	24 cm	3,5 Liter

EIN MITTELGROSSER UND EIN KLEINER BLECHMODEL SOWIE EIN GANZ KLEINER KUPFERMODEL (TIMBALE)

EIN GROSSER, EIN MITTLERER UND EIN GANZ KLEINER KUPFERMODEL

Backmodel

aus bäuerlichen und bürgerlichen Haushalten

No. 975 — Bundform mit Rohr

Weite	14	16	18	20	22	c/m
emaillirt	215	250	285	325	360	Pfg.
Weite	24	26	28	30	c/m	
emaillirt	395	465	540	595	Pfg.	

No. 976 — Bundform mit Rohr

Weite	14	16	18	20	22	c/m
emaillirt	200	240	270	310	335	Pfg.
Weite	24	26	28	30	c/m	
emaillirt	370	435	515	575	Pfg.	

No. 978 — Bundform, niedere

Weite	22	24	26	c/m
emaillirt	360	395	450	Pfg.

No. 990 — Bundform mit Rohr, glatt

Weite	14	16	18	20	22	c/m
emaillirt	180	195	215	235	270	Pfg.
Weite	24	26	28	30	c/m	
emaillirt	315	360	405	470	Pfg.	

VERSCHIEDENE GUGELHUPFMODEL UND IHRE GRÖSSEN (AUS: „DER STORCHENTURM. GESCHICHTSBLÄTTER FÜR DIE LANDKREISE UM DINGOLFING, LANDAU UND VILSBURG“, SONDERHEFT 4, 1981, HERAUSGEGEBEN VON FRITZ MARKMILLER)

ZU WENIG BZW. ZU VIEL TEIG FÜR DEN VORHANDENEN GUGELHUPFMODEL

Schon beim Einfüllen des Teiges ist zu beachten, dass dieser auch noch aufgeht: Rührteige gehen im Allgemeinen nicht besonders auf, weshalb man die Form bis etwa 1 cm unter den Rand befüllen kann, während man bei Germteigen immer mit einer deutlichen Volumensvergrößerung rechnen kann. Also sollten Sie bei Germteigen den Model nur bis zu ¾ der Höhe befüllen, dann den Teig bis zum oberen Rand gehen lassen und den Gugelhupf gleich in den Backofen schieben. Es ist ratsam, in den offenen Kamin ein kleines Stück Alufolie zu stecken, damit der Teig beim Backen nicht in den Kamin rinnt.

Sie müssen aber nicht Gugelhupfmodel in allen fünf Größen haben, um die Rezepte im Buch nachbacken zu können. Wenn die **Teigmenge für Ihren Model zu groß** ist, backen Sie den Rest des Teiges, der im Model nicht Platz hat, in einer anderen Backform, in einer hitzebeständigen Schüssel oder in einem Topf bzw. in einer „Rein" – so, wie früher der berühmte Reindling gebacken wurde.

Wenn die **Teigmenge Ihren Gugelhupfmodel nicht** bis zu ¾ (Germteig) bzw. bis knapp unter den Rand (Rührteige) **füllt**, spielt das keine Rolle. Nur müssen Sie sich bewusst sein, dass Ihr Gugelhupf in diesem Fall den geraden Rand der Form oben (sofern Sie eine Wiener Form verwenden) nicht erreichen und deshalb das typische und schöne **„Randl" nicht aufweisen** wird (auch beim Nachbacken für die Rezeptfotos ist es vorgekommen, dass ein zu großer Model verwendet wurde, wie Sie auf S. 133 sehen können).

Grundsätzlich werden Sie beim Nachbacken feststellen, dass die Entscheidung, welche Model-Größe die passende ist, ein wenig Erfahrung braucht. Als **ganz grobe Faustregel** können Sie davon ausgehen, dass für Germteige mit einer Mehlmenge von rund 500 g ein großer Model ratsam ist; wenn das Rezept nur etwa 300 g Mehl angibt, dann reicht der mittlere – allerdings ist natürlich auch zu berücksichtigen, wie viele Eier, wie viel Butter etc. das Rezept enthält! *Bitte nehmen Sie die Größenangaben bei den Rezepten lediglich als unverbindliche Empfehlungen, da es mittlerweile unglaublich viele verschiedene Formen gibt – solche mit Rand, ohne Rand, höhere, schmälere, breitere, niedrigere usw.*

VERSCHIEDENE DUNSTKOCHMODEL

Auch die Model für **Dunstgugelhupfe** gibt es in verschiedenen Größen, die von einem Fassungsvermögen von 150 ml bis zu 2 Litern oder mehr reichen. Bei den Dunstkochen ist es besser, eine eher zu große als zu kleine Form zu benützen, weil die Masse gut aufgeht, die Formen dürfen also nicht bis zum Rand vollgefüllt werden, sondern maximal ¾-voll.

Größe	Ø	Fassungsvermögen
ganz klein	ca. 8 cm	ca. 300 ml
klein	ca. 10 cm	ca. 700 ml
mittel	ca. 12 cm	1 Liter
groß	ca. 15 cm	1,3 Liter
sehr groß	ca. 21 cm	2,5 Liter

ZUBEREITUNG & ZUTATEN

„Es gibt große Mannigfaltigkeit unter diesem Gebäcke, sowohl in der Zusammensetzung der Ingredienzien, als auch in der Form …", schrieb F. G. Zenker in seiner „Kochkunst" 1817 als Einführung zum Thema Gugelhupf.

GERMTEIG-, RÜHRTEIG- ODER IN DUNST GEGARTE GUGELHUPFE

Bis zur Mitte des 19. Jahrhunderts gab es vorwiegend Gugelhupfe aus **Germteig.** Das Triebmittel war Bier-Hefe, die in Österreich „Germ" genannt wird (ausführliche Informationen siehe ab S. 26, Kapitel „Germteig-Gugelhupfe"). Vor der Zubereitung des Teiges wird meist ein „Dampfl" (ein Vorteig) gemacht. Nachdem die Germ ihren Gärungsprozess gestartet hat, wird das Dampfl mit den übrigen Teigzutaten verknetet und der Teig muss an einem warmen Ort rasten und aufgehen, damit er locker wird.

Sehr verbreitet waren auch im Dunst gegarte Gugelhupfe, die in früheren Zeiten **„Dunstkoch"** oder „Pudding" hießen und schon seit der Barockzeit auf die Tafel kamen (nähere Informationen siehe auf den Seiten 60, 84 und 85). Diese gab es in zahlreichen pikanten Varianten, aber auch als Desserts waren sie beliebt. Das berühmteste Dunstkoch überhaupt ist wohl der „Mohr im Hemd" (siehe S. 98).

Mit der Erfindung des chemischen **Backpulvers** (siehe S. 110) änderten sich die Rezepturen, denn ab Ende des 19. Jahrhunderts erleichterte die Verwendung dieses Triebmittels die Zubereitung eines Gugelhupfes und anderer Backwerke. Durch das Wegfallen der Gehzeit ersparte man sich viel Zeit, ein großer Vorteil für die Hausfrau, die in der ersten Hälfte des 20. Jahrhunderts vielfach schon einem Beruf neben der Hausarbeit nachging oder nachgehen musste.

INGREDIENZIEN

Eine wichtige Zutat sind die **Eier.** Auffallend ist vor allem bei älteren Rezepten die hohe Anzahl von Eiern, diese waren allerdings früher sehr viel kleiner als heute. Eier und vor allem der aus Eiklar steif geschlagene Eischnee sorgen für die Lockerung des Teiges. In manchen Rezepten werden statt einem Triebmittel nur eine hohe Anzahl von Eidottern oder viele Eidotter und wenige ganze Eier verwendet.

Im Normalfall enthält ein Gugelhupf **Fett.** Früher waren das Butter, Schmalz (Rinderschmalz) oder beides. Heute bekommt man kaum noch Rinderschmalz und es wird Butter verwendet, was keinen Qualitätsverlust ergibt. Oft wird Butter auch durch Öl ersetzt.

Bei einer Mehlspeise wie dem Gugelhupf darf natürlich das **Mehl** nicht fehlen. Wir finden oft die Angabe „bestes Mund-Mehl", was so viel bedeutet wie Mehl höchster Qualität. Es handelt sich in diesem Falle um Weizenmehl. In kargen Zeiten musste man aber auch zu Ersatz greifen, wie zu Maismehl, Kartoffelmehl oder Gerstenmehl.

Als **Triebmittel** werden wie schon oben beschrieben entweder Germ oder Backpulver verwendet.

Was den **Zucker** betrifft, so haben sich die Rezepte im Laufe der Jahrhunderte ebenfalls verändert: Zucker war vor der industriellen Erzeugung des Rübenzuckers eines der teuersten Lebensmittel und ein Statussymbol, das nur den gehobenen Schichten vorbehalten war. Es handelte sich um den teuren Rohrzucker aus Übersee. Das erklärt das Fehlen des Zuckers in manchen ganz alten Rezepten, das oft durch Zugabe von reichlich Rosinen kompensiert wurde.

Eine Bemerkung zu **Vanillin und Vanillezucker:** Achten Sie genau auf die Bezeichnung! Denn der im Handel in kleinen Päckchen erhältliche und als „Vanillin" oder „Vanillinzucker" bezeichnete ist wie das Backpulver ein chemisches Erzeugnis. Wollen Sie aber den unvergleichlichen Geschmack der echten Vanille genießen, kaufen Sie bitte den als „Vanillezucker" bezeichneten, dieser enthält echte Bourbonvanille. Sie können auch Vanilleschoten kaufen, diese aufschlitzen, das Mark herauskratzen und in einem Marmeladenglas mit Staubzucker vermischen. Die leeren Schoten schneiden Sie in kleine Stücke und fügen diese auch zum Staubzucker. Nach einigen Tagen haben Sie den besten Vanillezucker.

Gugelhupfrezept, verewigt in gestickter Form

Aromen geben dem Backwerk eine besondere Note: Abgeriebene „Limonischäler" (Zitronenschale), Zimt, Nelken, Trockenfrüchte, Vanille, Ingwer, Schokolade, Kakao, Nüsse, Mandeln, Mohn, Rum usw. ergänzen die Grundzutaten und verleihen dem Gugelhupf eine besondere Note. Allerdings ist bei vielen älteren Rezepten auffallend, dass nur wenige Aromen zur Geschmacksverbesserung verwendet wurden, was ebenfalls auf den damals sehr hohen Preis von Gewürzen zurückzuführen ist.

Bei keinem Teig darf **eine Prise Salz** fehlen, auch wenn dieses bei den Zutaten nicht immer angegeben wird! Dies gilt für alle Teige.

Der Variantenreichtum von Gugelhupfen ergibt sich auch daraus, dass Germteiggugelhupfe **gefüllt** werden können (z. B. mit Preiselbeerkompott, einer Topfenfülle oder einer Schinken-Käse-Fülle). Oder aber verschiedenste Zutaten werden **unter den Teig gemischt** bzw. geknetet. So können beispielsweise fein geriebene Äpfel, aber auch Gemüse wie Karotten, Zucchini etc. einem süßen Rührteig beigemengt werden.

ÜBER MASSE UND GEWICHTE FRÜHER UND HEUTE

Genaue Gewichtsangaben sind heute eine Selbstverständlichkeit. Doch das war nicht immer so. In alten Kochbüchern sind verschiedenste „beiläufige" Maßangaben die Regel, oder aber es handelt sich um heute nicht mehr bekannte Maße. In fast jedem Haushalt gab es Häferln oder andere Gefäße, die als „Maß" dienten, sei es für Reis, Mehl, Milch etc. Es fanden sich auch in alten privaten Rezepten Angaben wie eine „Schale Milch", ein „Schöpfer" oder ein „Löffel". Die Hausfrau wusste ganz genau, wie viel das war, aber nur sie, und niemand sonst, wenn sie ihr Wissen nicht an die nachfolgende Generation weitergegeben hat.

HAND- UND AUGENMASSE SOWIE PREISANGABEN

Das älteste menschliche Maß war die sogenannte **„Gauffe"**. Darunter verstand man jene Menge, die in eine gekrümmte hohle Hand passte. Diese Form der **„Handmaße"** hielt sich bis in unsere Tage, z. B. wenn man von „einer Hand voll Rosinen" spricht.

Dazu kamen und kommen **„Augenmaße"**, wie eine „Eigröße Fett", ein „nussgroßes Stück Butter", eine „Messerspitze Salz" oder „zwei Löffel voll gute Germ". In Amerika gibt es sowohl in den USA als auch in Kanada Maßangaben, die sich aus den „Augenmaßen" entwickelt haben, die „spoons" und „cups". Allerdings sind diese Maßangaben, also die Mengen, die ein „spoon" oder ein „cup" enthalten, in den beiden Ländern nicht einheitlich. In deutschen Rezepten werden oft „Becher" als Maßangabe verwendet. Wichtig ist in diesen Fällen auch die Information, wie viel Fassungsvermögen so ein Becher hat.

Preisangaben waren für gewisse Zutaten (wie z. B. Germ) ebenfalls als Gewichtsangabe üblich. Im Rezept meiner Grazer Großmutter von 1919 heißt es „für 10 Kreuzer Germ". Ja, da wäre auch ich ratlos gewesen, wenn nicht durch einen Zufall eine alte Dame aus Graz mir erklärt hätte, dass sich auf ihrer alten Waage ein Vermerk befand: 10 Kreuzer Germ = 4 dag. Also bekam man für 10 Kreuzer 40 g Germ.

GEWICHTS- UND HOHLMASSE

Nicht in jedem Haushalt gab es eine gute Waage, ganz zu schweigen von derart präzisen, wie es heute die elektronischen Waagen sind. Dazu kam, dass die **Gewichts- und Hohlmaße,** damals basierend auf dem Pfund- bzw. Maßsystem, in den verschiedenen Ländern und Kleinstaaten nicht einheitlich waren.

Was bedeuten Pfund, Loth, Nösel ...?

Wenn man sich mit alten Rezepten befasst, dann findet man Begriffe, die heute niemand mehr kennt. Bei den ältesten Gugelhupfrezepten, die Sie hier in diesem Buch finden, werden Sie in den Originaltexten auf ein **Nößel** Milch stoßen, was so viel wie ein **Seitel** ist. Das Seitel ist heute noch bei uns in den Wirthäusern üblich (z. B.: ein Seitel Bier ist ein Glas mit 0,33 Liter Bier, ein sogenanntes „kleines Bier").

Eine **Metze** Mehl, ebenfalls ein Hohlmaß, bedeutet so viel wie 1,9 Liter.

In Nürnberg, und nur dort, spricht man von einem **Diethäuflein.** Es handelt sich um ein Getreidemaß, daher wird es für Mehl in den Rezepten verwendet. Ein Diethäuflein sind 2,5 Liter.

Ein **Loth** hatte 17,5 g und ein österreichisches und bayerisches **Pfund** wiederum hatte 32 Loth. In anderen Staaten hatte ein Pfund jedoch nur 30 Loth.

ZUSAMMENFASSUNG

1 Nößel	= 0,3 l = 300 ml
1 Seitel	= 0,33 l = 330 ml
1 Metze	= 1,9 l
1 Diethäuflein	= 2,5 l
1 Loth	=17,5 g
1 österreichisches bzw. 1 bayerisches Pfund	= 560 g

Waage und geeichte Gewichte (um 1896)

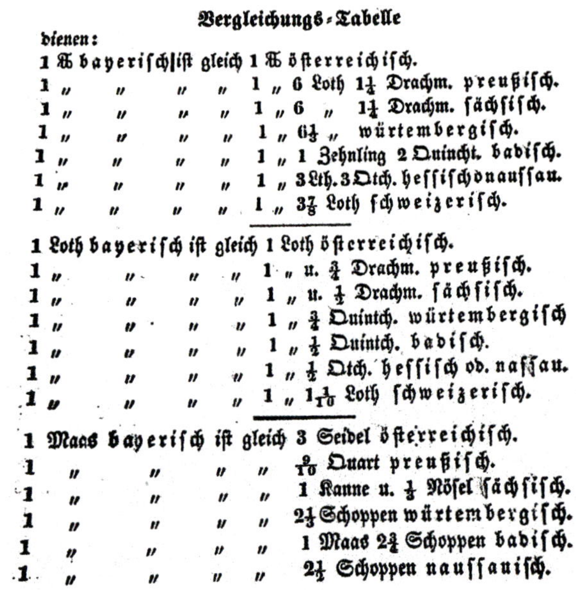

Vergleichungs-Tabelle

dienen:

1 ℔ bayerisch ist gleich 1 ℔ österreichisch.
1 „ „ „ „ 1 „ 6 Loth $1\frac{1}{4}$ Drachm. preußisch.
1 „ „ „ „ 1 „ 6 „ $1\frac{1}{4}$ Drachm. sächsisch.
1 „ „ „ „ 1 „ $6\frac{1}{3}$ „ würtembergisch.
1 „ „ „ „ 1 „ 1 Zehnling 2 Quincht. badisch.
1 „ „ „ „ 1 „ 3 Lth. 3 Qtch. hessisch o. naussau.
1 „ „ „ „ 1 „ $3\frac{7}{8}$ Loth schweizerisch.

1 Loth bayerisch ist gleich 1 Loth österreichisch.
1 „ „ „ „ 1 „ u. $\frac{3}{4}$ Drachm. preußisch.
1 „ „ „ „ 1 „ u. $\frac{1}{2}$ Drachm. sächsisch.
1 „ „ „ „ 1 „ $\frac{3}{4}$ Quintch. würtembergisch
1 „ „ „ „ 1 „ $\frac{1}{2}$ Quintch. badisch.
1 „ „ „ „ 1 „ $\frac{1}{2}$ Qtch. hessisch od. nassau.
1 „ „ „ „ 1 „ $1\frac{1}{10}$ Loth schweizerisch.

1 Maas bayerisch ist gleich 3 Seidel österreichisch.
1 „ „ „ „ $\frac{9}{10}$ Quart preußisch.
1 „ „ „ „ 1 Kanne u. $\frac{1}{3}$ Nösel sächsisch.
1 „ „ „ „ $2\frac{1}{3}$ Schoppen würtembergisch.
1 „ „ „ „ 1 Maas $2\frac{3}{4}$ Schoppen badisch.
1 „ „ „ „ $2\frac{1}{2}$ Schoppen naussauisch.

„Vergleichungs-Tabelle" aus „Vollständiges Bayerisches Kochbuch für alle Stände" von Maria Katharina Daisenberger, Nürnberg, 17. Auflage 1843.

Das metrische System

Bis zur **internationalen Meterkonvention** von Paris, auf der man sich am 20. Mai 1875 mit einem Vertrag auf eine Vereinheitlichung der Maße auf das metrische System einigte, war also das oben beschriebene **Pfund- bzw. Maßsystem** in Europa üblich. Das metrische System ist wegen seiner strengen Zehnereinteilung und Einfachheit als das vorzüglichste aller Maßsysteme anzusehen und wurde in Frankreich bereits 1799 eingeführt, in den österreichischen Erblanden und im Deutschen Reich erst 1871.

Das „neue" Maß verbreitete sich in Österreich sehr rasch. Katharina Prato hat in ihrem legendären Kochbuch „Süddeutsche Küche", das 1856 erstmalig erschien und Generationen von Hausfrauen zu perfekten Köchinnen machte, in der Auflage von 1875 bereits alle Gewichtsangaben im „alten" und „neuen" Maß angegeben. Damit wurden die neuen Maße in der ganzen Monarchie bekannt gemacht. Ein unschätzbares Verdienst für den Fortschritt.

Daher stoßen Sie auch in alten Rezepten auf Mengenangaben wie 70 g, 140 g, 210 g oder 560 g. In diesem Falle können Sie sicher sein, dass es sich um ein umgerechnetes Rezept von vor 1875 handelt, denn 4 Loth sind 7 dag (70 g) etc. Bei 56 dag (560 g) handelt es sich um ein Pfund.

In vielen Kochbüchern vor der Umstellung auf das metrische Maßsystem finden sich Vergleichs- und Umrechnungstabellen. An diesem Beispiel können Sie sehen, wie nützlich die Vereinheitlichung für die 17 europäischen Staaten, die sich der metrischen Konvention anschlossen, war. Wenn Sie die abgebildete „Vergleichungs-Tabelle" aufmerksam lesen, werden auch Sie froh sein, dass man sich 1875 in Paris auf das heutige System einigte! Die Ur-Maße und Ur-Gewichte wurden in Paris hergestellt und werden dort aufbewahrt.

BEVOR'S ANS BACKEN GEHT

BESONDERHEITEN VON ALTEN REZEPTEN

Die Rezepte, die Sie im Buch finden, habe ich im Laufe vieler Jahre gesammelt. Sie stammen aus der Familie, gesammelten handschriftlichen Kochbüchern und Druckwerken in Bibliotheken oder im Eigenbesitz.

Grundsätzlich sind die meisten Rezepte so belassen wie im Original. Lediglich unverständliche Ausdrücke, ungenaue Zubereitungserklärungen oder dergleichen wurden von mir überarbeitet. Die Zutaten (auch von den Mengen her) habe ich von den Originalrezepten übernommen.

Einige besonders alte Rezepte habe ich in ihrer Originalversion übernommen, auch was Schreibweise, Formulierungen usw. betrifft, um deutlich zu machen, wie anders früher Rezepte formuliert wurden.

Die Rezepte waren meist kurz und bündig, oftmals ohne oder zumindest ohne genaue Mengenangaben. Auch die Zubereitungsschritte wurden häufig gar nicht erklärt, weil ein gewisses Grundwissen zum Kochen und Backen ohnehin vorausgesetzt wurde.

Anderes konnte nicht angegeben werden (z. B. Backzeit oder Temperatur), weil die Backwerke nicht in einem Backofen wie heute, sondern im Holzofen oder über Glut gebacken wurden.

Natürlich habe ich in solchen Fällen die Rezepte „umgeschrieben", sodass sie heutigen Ansprüchen genügen und jeder damit etwas anfangen kann.

ALLGEMEINES UND WISSENSWERTES ZU DEN REZEPTEN

Die Anzahl an **Eiern** in alten Rezepten ist deshalb so hoch, weil früher manchmal ohne Triebmittel, also ohne Germ bzw. ohne Backpulver gebacken wurde. Außerdem gab es damals noch keine hochgezüchteten Legehennen, die Eier waren daher viel kleiner als heute! Die in den Originalrezepten angegebene Menge an Eiern wurde bei den Rezepten belassen, deshalb sollten Sie auf jeden Fall möglichst kleine Eier verwenden, maximal Eier der Größenklasse M. Falls gewünscht, können Sie bei Verwendung von mittelgroßen Eiern auch um 1–2 Eier reduzieren.

Möglicherweise erscheinen Ihnen bei manchen Rezepten die angegebenen Mengen für **Zucker** und **Butter** ebenfalls hoch – vor allem die Hofküchen- sowie die Klosterrezepte waren meist sehr „üppig". Zucker können Sie falls gewünscht reduzieren, das Reduzieren der Butter sollte aufgrund einer zu großen Veränderung der Konsistenz nicht zu drastisch ausfallen.

Wenn nicht anders erwähnt, wurde immer glattes **Weizenmehl** (in Österreich Type 480 bzw. 700; in Deutschland Type 405 bzw. 550) verwendet.

Manche Gugelhupfrezepte – vor allem ältere – enthalten nicht viele Gewürze bzw. Aromastoffe. Sie können den Geschmack nach eigenem Belieben mit vielen verschiedenen **Aromen** wie Rum, Zitronenschale, Orangenschale, Vanillezucker, Zimt, Nelken- oder Kardamompulver verfeinern.

Manchmal ist in den Rezepten **„3 Eiklar Schnee"** angegeben. Wenn nicht anders erwähnt, ist damit gemeint, die Eiklar von 3 Eiern zu festem Eischnee zu schlagen.

In alten Rezepten wurden **Eier und Zucker meist über Dunst (Dampf) aufgeschlagen**, um eine besonders schaumige Masse zu erhalten. Dies ist eine Prozedur, die nur händisch gemacht werden kann, auf die heute jedoch oft verzichtet wird – denn heute erzielt man den gleichen Effekt des schaumigen Aufschlagens mit einem elektrischen Handmixer oder in der Küchenmaschine. Sie können wählen, welche Art Sie anwenden wollen.

Häufig wird statt des fertigen Backpulvers **Natron als Triebmittel** verwendet.

Auch Backpulver besteht neben anderen Chemikalien aus Natron (siehe Kapitel „Rührteige", S. 111).

In jedes Backwerk gehört eine **Prise Salz**, auch wenn dies in den Zutaten nicht angegeben sein sollte.

Wenn in den Rezepten **„Schokolade schmelzen"** oder „Schokolade erwärmen" angegeben ist, so erfolgt dies meist im heißen Wasserbad. Am besten schmilzt man Schokolade in einem kleinen Metallgefäß, das man in ein größeres mit leicht wallendem Wasser stellt. Es gibt eigene kleine „Schmelzpfännchen" mit Stiel, die man über größere Töpfe hängen kann. Es darf kein Wasser in die Schokolade gelangen, weil sie sonst klumpig wird.

Wichtig ist, die Gugelhupfformen – egal ob aus Keramik, Blech, Kupfer oder Emaille, ob klein oder groß – vor dem Befüllen mit dem Teig/der Masse immer gut zu **befetten und mit Mehl oder Bröseln auszustreuen,** auch wenn Butter und Mehl bzw. Brösel in den Rezepten bei den Zutaten nicht erwähnt werden! WICHTIG: Auch der Kamin muss gut befettet und bemehlt werden, damit der Teig nicht hängen bleibt. Das gilt im Besonderen für die Dunstkoche, also im Wasserbad zubereitete Gugelhupfe!

TIPP: Stellen Sie den Model kurz auf die warme Herdplatte oder auf den Toaster, und geben Sie reichlich Butter hinein. Sobald die Butter sehr weich ist, können Sie mit einem Backpinsel sämtliche Rillen, den Kamin und den Rand gleichmäßig befetten. Dann streuen Sie einen großen Löffel griffiges Mehl oder feine Semmelbrösel in die Form und drehen diese, bis das ganze Innere des Models mit Mehl oder Semmelbröseln bedeckt ist, den Rest können Sie abklopfen.

„Kranzerl" aus Mandeln etc.: In Ostösterreich ist es üblich, auf den Boden der Gugelhupfform in die Rillen ganze Mandeln zu legen – geschält oder ungeschält, das spielt keine Rolle; in einem Rezept werden Kaffeebohnen in die Rillen gelegt. Dies erfolgt erst nach dem Befetten und Bemehlen. Diese Mandeln sehen, wenn der Gugelhupf gestürzt wurde, nicht nur sehr hübsch aus, sondern schmecken gut und unterstützen das Lösen aus der Form!

Befüllen des Models: Bei Germteigen sollte die Form nur ca. ¾-voll sein, da diese stark aufgehen. Bei Rührteigen kann die Form bis knapp unter den Rand befüllt werden.

Model zu groß oder zu klein? Wie schon auf S. 13 erwähnt, wäre es ideal, Gugelhupfformen zumindest in drei verschiedenen Größen zu haben, denn die Rezepte im Buch variieren von den Mengen her stark. Wenn Sie nur eine Form haben, können Sie **improvisieren:** Damit bei einer zu kleinen Form der Gugelhupf beim Backen **nicht über den Rand der Form quillt**, können Sie einen **Streifen aus Backpapier** so um den Model legen, dass er ein paar Zentimeter über den Rand ragt (die Enden mit etwas Eiklar verkleben oder mit einer Büroklammer zusammenheften). In den Kamin des Models können Sie ein Stanitzel aus Backpapier stecken. Oder Sie backen den Teig, der nicht im Model Platz hat, in einer zusätzlichen beliebigen Backform.

Sollte Ihre Form für die Rezeptmenge **zu groß** sein, spielt das nur insofern eine Rolle, wenn Sie eine Wiener Form mit dem geraden, nicht mit Rillen versehenen Rand oben haben, dann wird der Gugelhupf dieses berühmte „Randl" nicht aufweisen. Oder Sie verwenden beim nächsten Mal Backen die eineinhalbfache Masse.

Backofen vorheizen: Wenn nicht anders erwähnt, den Backofen immer auf die im Rezept angegebene Temperatur vorheizen.

Backen auf mittlerer Schiene: Einen Kuchenrost auf der mittleren Schiene des Backofens platzieren – sofern nicht im Rezept anders angegeben –, darauf die befüllte Gugelhupfform stellen.

Ober- und Unterhitze oder Umluft: Sofern im Rezept nicht anders angegeben, werden die Gugelhupfe bei Ober- und Unterhitze gebacken.

Die **Backzeiten** hängen u. a. von der Qualität des Backofens und vom Material des Models ab (so brauchen z. B. in Keramikmodeln gebackene Gugelhupfe eine etwas längere Backzeit!). Um zu überprüfen, ob die angegebene Temperatur und Backzeit auch für Ihren Backofen passt (jeder Ofen bäckt anders!), sollten Sie beim ersten Mal Nachbacken den Gugelhupf beobachten, ob er nicht zu schnell bräunt. Wenn das der Fall ist, sollten Sie noch vor Ablauf der angegebenen Backzeit eine **Garprobe** (auch **Nadel- oder Stäbchenprobe** genannt) machen: Stechen Sie mit einem Holz- oder Metallspieß oder mit einer Stricknadel in die Mitte des Backwerks, wenn kein klebriger Teig dran haftet, dann ist der Gugelhupf fertig. Wenn er noch nicht durch ist, dann reduzieren Sie die Temperatur um 20 °C, decken den Gugelhupf mit Alufolie ab und backen ihn weitere 5–10 Minuten.

So löst sich der Gugelhupf gut aus der Form: Den fertig gebackenen Gugelhupf – wenn nicht anders erwähnt – aus dem Ofen nehmen, auf ein Gitter stürzen, einige Minuten stehen lassen und erst dann die Form abheben. Durch den aufsteigenden Dampf löst sich der Teig besser von der Backform.

Dunstkoche werden normalerweise im Wasserbad in einem Topf auf dem Herd gegart. Das Wasser soll beim Hineinstellen des Models bereits leicht wallend kochen. Sie können aber auch im Ofen bei 180 °C in einem Wasserbad (z. B. in einer tiefen Auflaufform) gegart werden. Der Ofen muss vorgeheizt sein und die Auflaufform wird mit kochend heißem Wasser befüllt. Grundsätzlich wird jedoch das Dunstkoch am Herd gegart, außer wenn in einem Rezept dezidiert erwähnt ist, dass es im Ofen zubereitet wird.

Nach dem Garen den **Dunstkochmodel** aus dem Wasserbad nehmen, Deckel öffnen, das Dunstkoch mit einem spitzen, langen Messer vorsichtig von den Rillen des Models lösen, einen Teller verkehrt über die Öffnung legen und das Dunstkoch stürzen (evtl. den Model leicht schütteln).

GLASUREN

Ganz nach persönlichem Geschmack können Sie natürlich jeden Gugelhupf mit einer Glasur versehen oder vor dem Servieren mit Staubzucker bestreuen. Hier einige Rezeptbeispiele für Glasuren:

Schokoladenglasur: 250 g Kuvertüre oder Kochschokolade mit 200 g Butter in einem Wasserbad bei geringer Temperatur zergehen lassen, sehr gut durchrühren, vom Herd nehmen und unter ständigem Rühren auf Körpertemperatur abkühlen lassen, dann zügig über den fertig gebackenen Gugelhupf gießen, die Glasur fest werden lassen.

Weißer Zuckerguss: 250 g Staubzucker sieben und mit einigen Tropfen Zitronensaft und etwa 1 EL heißem Wasser sehr gut verrühren.

Bier-Zuckerguss: 200 g Staubzucker sieben und mit ca. 1 EL Bier sehr gut verrühren.

Zitronenglasur: 2 EL Zitronensaft mit so viel Staubzucker glatt verrühren, bis die Masse dickflüssig ist.

Rumglasur: 2 EL Rum (38 %) mit ½ EL heißem Wasser vermengen, mit so viel Staubzucker glatt verrühren, bis eine dickflüssige Glasur entsteht.

Kaffee-, Rotwein-, Fruchtsaftglasur: Auf die gleiche Weise wie die Zitronenglasur mit beliebigem Getränk zubereiten.

Eierlikörglasur: 200 g Staubzucker mit 3 EL Eierlikör glatt verrühren (Masse soll zähflüssig sein, falls nötig, noch ein wenig Eierlikör zugeben).

Weiße Schokoladen-Eierlikör-Glasur: 200 g weiße Kuvertüre in einem Wasserbad schmelzen, dann 3–4 EL Eierlikör untermischen.

RESTEVERWERTUNG

Was kann man mit einem übrig gebliebenen Gugelhupf machen, wenn er nicht mehr frisch ist? Heutzutage wird Resteverwertung langsam wieder zum „Trend“ – früher war es selbstverständlich, keine Nahrungsmittel wegzuwerfen. Daher finden sich in den Kochbüchern des 19. Jahrhunderts häufig Ratschläge für die Verwertung von Restln. Maria Elisabetha Meixner empfiehlt in ihrem 1837 erschienenen berühmten Kochbuch *„Das neue, große, geprüfte und bewährte Linzer Kochbuch“*, wie man Gugelhupfreste schmackhaft verwerten kann.

Originalrezept 1691

Speis von einem übrig gebliebenen Kugelhupf

„Schneide den Kugelhupf zu dünne Schnitten, schütte Obers darüber, und laß sie gut weichen, dann richte die Schnitten auf eine geschmierte Schüssel, gib in ein Häferl Obers, ein wenig zerlassenen Butter, drey oder vier Eyerdötter, ein wenig Zucker und Zimmet, sprudle es gut ab, und schütte es über die Schnitten, gib oben und unten Gluth, laß sie so lange backen, bis sie eine Farbe bekommen, und schön aufgegangen sind, dann gib sie geschwind zur Tafel.“*

* Backöfen, wie wir sie heute kennen, sind eine Erfindung des 19. Jahrhunderts – davor wurden Formgebäcke auf dem Dreifuß über der Glut gebacken – oder wenn der Brotbackofen noch warm war, nützte man seine Restwärme und buk darin. Die Anweisung *„gib oben und unten Gluth“* heißt, dass man den Model auf den Dreifuß stellen, mit einem Deckel bedecken und sowohl unten als auch auf den Deckel Glut legen sollte.

EINIGE AUSTRIAZISMEN ERKLÄRT IN HOCHDEUTSCH

Österreich	Deutschland
abschlagen	*Germteig mit einem Kochlöffel so lange bearbeiten (abschlagen), bis er geschmeidig ist und Blasen wirft; heute wird Germteig meist mit den Knethaken des Handmixers oder mit der Küchenmaschine verknetet*
abtreiben	*schaumig rühren*
Aranzini	*Orangeat*
auswalken	*ausrollen*
Biskotten	*Löffelbiskuit*
Buchtel	*gefülltes Hefegebäck in Form von Klößen*
Dampfl	*Gärprobe der Hefe, Vorteig*
Dotter (Eidotter)	*Eigelb*
Erdäpfelmehl	*Kartoffelstärke*
Fisolen	*grüne Bohnen*
Germ	*Hefe*
glattes Mehl	*feinst gemahlenes Weizenmehl*
griffiges Mehl	*etwas gröber gemahlenes Weizenmehl*
Jause	*Zwischenmahlzeit, gewöhnlich am Nachmittag*
Karfiol	*Blumenkohl*
Kernöl	*dunkles Öl aus gerösteten Samen des Ölkürbis*
Eiklar	*Eiweiß*
Kohlrabi	*Kohlrübe*
Korinthen	*getrocknete Weintrauben der Rebsorte Korinthiaki*
Marillen	*Aprikosen*
Model	*Form*
Nudelwalker	*Teigrolle*
Obers oder Schlagobers	*Sahne oder Schlagsahne*
Paradeis(er)	*Tomate*
Paradeismark	*Tomatenmark*
Pignoli	*Pinienkerne*
Pfund	*altes Gewichtsmaß = 560 g*
Polenta	*Maismehl*
Powidl	*Pflaumenmus ohne Zucker*
süßer Rahm	*Sahne*
Rohr (Backrohr)	*Backofen*
Sauerrahm	*saure Sahne*
Schmetten	*Schmand*
Seitl (Seidl)	*0,33 Liter = 330 ml*
Semmelbrösel	*Paniermehl*
Staubzucker	*Puderzucker*
Topfen	*Quark*
Weichsel	*Sauerkirsche*
Weinberln (Weinbeeren)	*kleine Rosinen*
Weidling (Weitling)	*weite Schüssel zum Rühren von Teigen*
Zibeben	*Rosinen*
Zwetschken	*Pflaumen*

ORIGINALREZEPTE - TRANSKRIPTIONEN

Bevor Sie sich nun ans Nachbacken der Rezepte machen, noch eine allgemeine Information. Die Originalrezepte aus älteren Büchern und handschriftlich aufgezeichneten Rezeptheften habe ich „transkribiert", indem ich z. B. die alten Maßangaben in heute gebräuchliche Mengenangaben und die Zubereitungsanleitung in eine heute verständliche Form „übersetzt" habe. Bei manchen Rezepten finden Sie zusätzlich das Originalrezept (in einen Rahmen gesetzt) zum Vergleich.

GERMTEIG-Gugelhupfe

AM ANFANG WAR DER TEIG ...

Ein Brei aus zwischen Steinen zerquetschten Grassamen, die mit Wasser verrührt wurden, war ein wichtiger Bestandteil der Nahrung der Urmenschen. Nach der „Erfindung" des Feuers war der nächste Schritt, diesen Brei auf heißen Steinen zu Brot zu backen. Bis aus dem harten Fladenbrot ein lockeres, duftiges Gebäck wurde, verging viel Zeit. Wie so oft im Leben hat dabei Schlamperei eine wichtige Rolle gespielt: Irgendeine Urzeitdame vergaß auf ihren Brei in der Schüssel und entdeckte ihn Tage später wieder – und siehe da, er schlug Blasen! Die Kostprobe fiel negativ aus, der Brei schmeckte sauer, und so entschloss sie sich, diesen Brei zu backen. Und wieder – siehe da: Daraus wurde ein Brot, das viel lockerer als der spröde Fladen aus frischem Brei war. So war zufällig das Triebmittel erfunden worden, das wir heute Sauerteig nennen.

Danach musste noch vieles geschehen, bis dieses einfache Sauerteigbrot weiterentwickelt wurde – bis schließlich durch den Zusatz von Honig sogar verlockende Mehlspeisen daraus wurden ...

Als dem Menschen das Brauen des Bieres gelang und bei selbigem Vorgang ein Nebenprodukt abfiel, das sich zur Lockerung eines Teiges als geeignet erwies, war Sauerteig nicht mehr das einzige Triebmittel: Die Bierhefe, in Österreich Germ genannt, wird seither bevorzugt für Teige, die mit Weizenmehl zubereitet werden, als Triebmittel verwendet, während Sauerteig meist für Brot, vor allem für Vollkornbrot, und nur selten bis gar nicht für Mehlspeisen verwendet wird.

TRIEBMITTEL GERM (BIER- ODER BACKHEFE*)

Hefe ist ein uraltes Triebmittel für Brot und Gebäck. Schon vor 13.000 Jahren wird deren Verwendung vermutet, sicher belegt ist jedoch der Einsatz von Hefe in Ägypten für die Zeit ab 1500–1300 vor Christus. Plinius der Ältere beschrieb die Herstellung bzw. Züchtung von Hefe in seiner „Naturalis historia".

Hefe (lat. *Saccharomyces cerevisiae,* das bedeutet Zuckerpilz) ist ein Nebenprodukt der Biererzeugung. Es handelt sich dabei um einzellige Pilze, die sich unter günstigen Bedingungen vermehren und als Ausscheidungsprodukt Kohlenstoffdioxid abgeben, das den Trieb – das „Aufgehen" – des Teiges bewirkt.

Bei günstiger Nährstoff- und Sauerstoffversorgung verdoppelt sich die Hefemasse in einer Bierhefekultur in etwa zwei Stunden, der Zuwachs ist also deutlich langsamer als bei vielen anderen Bakterienarten.

EINST FLÜSSIG, JETZT GEPRESST

Hefe wurde in **flüssiger Form** gehandelt, daher finden wir in Rezepten vor 1845 Angaben wie *„4 Löffel gute süße oder gewässerte Germ"* oder *„ein halb Seidlein weisse Bier-Heffen", „ein halb Nössel Hefen"* oder *„2 Löffel voll gute Bierhefen"* wobei wir heute nicht abschätzen können, wie groß so ein Löffel war.

Es gab eigene „Hefekännchen", in welche man die flüssige Hefe füllte und aufbewahrte. Im Ulmer Museum für Brotkultur ist ein solches ausgestellt. Mit einem solchen Kännchen oder einem anderen Gefäß holte man beim Bäcker die flüssige Hefe. Daher ist in alten Germteigrezepten auch nie ein Dampfl angegeben, die flüssige Hefe wurde einfach mit den anderen Zutaten vermischt. Die Erfindung der **Presshefe** (wie wir sie heute kennen) brachte große Erleichterungen für die Herstellung von Hefeteigen. Im Jahr 1847 ge-

* Grundsätzlich werden im Buch österreichische Bezeichnungen verwendet bzw. die jeweilige Bezeichnung, wie es in den Rezepten angegeben war, beibehalten. In diesem allgemeinen Teil über Germ und Germteige habe ich jedoch bewusst die Bezeichnung „Hefe" gewählt.

lang es dem Wiener Brauer Adolf Ignaz Mautner Ritter von Markhof, über Filterpressen die Hefemilch (wie man die flüssige Hefe nannte) auf einen Trockenstoffanteil von ca. 30 % zu konzentrieren und in eine Form zu pressen (Blockhefe). Mautner Markhof entwickelte gemeinsam mit dem Brauherrn Johann Peter von Reininghaus das „Wiener Abschöpfverfahren“, das 1850 in Produktion ging (siehe obenstehende Illustration aus einem Artikel von Beate Hemmerlein vom 5. 3. 2018 über die Familie Mautner-Markhof anlässlich eines Firmenjubiläums). Diese Erfindung der industriellen Erzeugung von Presshefe war ein Meilenstein für das Bäckerhandwerk und die Haushalte. Sie setzte sich weltweit durch. Faszinierend ist die Tatsache, dass 1 g Presshefe ca. 10 Milliarden (!!!) Hefepilze enthält.

VOM HEFEWÜRFEL ZUR TROCKENHEFE

Im Handel kaufen wir heute kleine, portionierte **Hefewürfel** von **42 g**. Wie kommt es zu diesem ungewöhnlichen Gewicht von 42 g? Früher wurde Hefe zu Blöcken von 500 g gepresst, die an die Bäckereien geliefert wurden, wo üblicherweise die Hausfrau dann die von ihr benötigte Menge kaufte. Bei der Einführung von Supermärkten mit Selbstbedienung bedurfte es kleinerer, verpackter Mengen. Ein Block von 500 g wurde in 12 gleich große Würfel geteilt, die eben rund 42 g wogen.

Eine Weiterentwicklung der Presshefe ist die **Trockenhefe,** die in kleinen **Säckchen zu 7 g** verkauft wird; sie besitzt etwa dieselbe Triebkraft wie ein halber Würfel Frischhefe (also 21 g frische Hefe).

WIE VIEL HEFE BRAUCHT DER TEIG?

Eine Grundregel besagt, dass 1 Würfel Hefe die nötige Menge ist, um einen Teig aus 1 kg Mehl zu lockern. In diesem Buch ist bei vielen Rezepten jedoch im Verhältnis zum Mehl weit mehr Hefe angegeben (z. B. 1 Würfel Hefe für 500 g Mehl), was dafür sorgt, dass der Teig schneller aufgeht. Vor allem bei „schweren“ Teigen mit vielen Eiern und viel Butter ist dies der Fall. Grundsätzlich möchte ich festhalten, dass die in den Rezepten angegebene Hefemenge nicht hundertprozentig eingehalten werden muss – solange Sie frische Hefe verwenden, spielt es keine Rolle, ob Sie z. B. 2 oder 10 g weniger nehmen – der Teig braucht in diesem Fall lediglich länger, um aufzugehen.

INHALTSSTOFFE UND POSITIVE WIRKUNG

Aus der Sicht der Ernährungsphysiologie enthält Hefe jede Menge Nährstoffpower und ist wahrhaft ein „Wundermittel“. Hefe ist ein **Nervenbalsam** für alle, die gestresst sind. Für einen reibungslosen **Stoffwechsel** sorgt ein Mix von Vitamin B1, B2, B6 und Niacin. Folsäure, Panthothensäure und Biotin liefern Beauty-Vitamine für eine **gesunde Haut.** Kalium und Natrium sowie Kalzium sorgen für **starke Knochen und Zähne,** Magnesium unterstützt die **Muskeln** und Eisen die **Blutbildung,** letzten Endes sorgt Zink für gute **Abwehrkräfte.** Für Vegetarier und Kinder ist Hefe zusätzlich eine gute **Eiweißergänzung.**

Die lebenden Hefepilze wirken probiotisch und sorgen für ein **gesundes Gleichgewicht der Darmflora.** Um Hefe als **Nahrungsergänzungsmittel** zu verwenden, bedarf es allerdings einer Aufbereitung der harten Zellwand des Einzellers; ein solches Endprodukt ist das Nährhefepulver, das man in andere Speisen mengt.

HEFEWÜRFEL UND TROCKENHEFE
(Foto © shutterstock/Lumi Studio)

HERAUSFORDERUNG HEFETEIG

Viel zu oft hört man, auch von geübten Köchinnen und Köchen, dass sie die Zubereitung von Hefeteigen vermeiden, weil sie Angst haben, sie könnten misslingen! Mit ein wenig Basiswissen gelingt ein Hefeteig **immer**, dabei sollen folgende Ausführungen hilfreich sein.

SO GELINGT IHR HEFETEIG

Haltbarkeit beachten: Wie der Name nahelegt, sollte Frischhefe wirklich frisch sein! Gewöhnliche Frischhefe behält bei einer Lagertemperatur von 2–8 °C für 10–12 Tage die volle Triebkraft, dann beginnt der Abbau, und die Zellen sterben nach und nach ab. Alte Hefe ist auch bei höherer Dosierung unbrauchbar, daher beachten Sie bitte immer das angegebene Verfallsdatum!

Frische Hefe erkennt man an einer hellen Farbe, angenehm süßlichem Geruch und einem festen, muschelartigen Bruch. Alte Hefe hingegen ist braungrau, rissig und hat einen bitteren Geschmack sowie einen unangenehmen Geruch.

Störende Faktoren bei der Gärung: Im Gegensatz zu den natürlichen wilden Hefen im Sauerteig verträgt die Bierhefe viele Stoffe nicht; so können z. B. **Salz, Säuren oder Fette** – wenn sie direkt mit der Hefe in Kontakt kommen – die Gärung stören. Daher gilt:

- Wenn Sie ein Dampfl (Gärprobe, Vorteig) ansetzen, dann vermeiden Sie, dieses zu salzen.
- Das aufgegangene Dampfl immer zuerst mit dem Mehl gut vermengen und dann erst das Fett zufügen (dies ist der Fall beim „abgeschlagenen Hefeteig“).
- Wenn es sich um einen „abgetriebenen Hefeteig“ handelt, dann fügen Sie dem Butter-Eier-Abtrieb zunächst das Mehl und danach erst das Dampfl bei. Dadurch wird der direkte Kontakt mit Fett vermieden und die Hefe bleibt voll wirksam.

Temperatur: Die günstigste Temperatur für den Trieb des Hefeteiges liegt bei etwa 32 °C. Zur Vermehrung der Hefepilze sind ungefähr 28 °C optimal. Bei Temperaturen über 45 °C sterben die Hefezellen ab.

Auch die Zutaten dürfen nicht zu kalt sein – sie müssen immer Zimmertemperatur haben! Hingegen darf die Flüssigkeit, in welcher Sie das Dampfl ansetzen, nicht zu sehr erhitzt werden – um auf Nummer sicher zu gehen, sollte die Temperatur nicht höher als menschliche Körpertemperatur sein.

Kann man Hefe tiefkühlen?
Ja, Hefe kann tiefgekühlt werden, wenn man den Vorrat nicht innerhalb der angegebenen Haltbarkeitsfrist verbrauchen kann.

Es ist zu beachten, dass die Hefe gut verpackt ist (entweder Originalverpackung oder gut in Folie einwickeln) damit sie nicht austrocknet und die Pilze absterben.

Was muss man beim Auftauen beachten?
Nehmen Sie die Hefe rechtzeitig aus dem Gefrierfach, lassen Sie sie langsam auftauen. In den meisten Fällen wird sie dann sehr weich, fast flüssig, was kein Problem darstellt. Prüfen Sie, ob die Hefe noch „aktiv“ ist: Vermischen Sie eine kleine Menge Hefe in einer Tasse mit ein paar Teelöffeln lauwarmem Wasser, fügen Sie eine Prise Zucker bei. Nach 5–10 Minuten sollte die Mischung Blasen bilden und an Volumen zunehmen. Wenn dies nicht der Fall ist, sollten Sie frische Hefe besorgen.

Tauen Sie Hefe niemals in der Mikrowelle auf, die Mikrowellen töten die Hefepilze und machen die Hefe unbrauchbar.

ARTEN DES HEFETEIGES

WAS IST EIN „DAMPFL"?

In Österreich nennt man die Gärprobe oder den Vorteig Dampfl. Es dient erstens als Probe, ob die Hefe frisch und gärfähig ist, und zweitens fördert es die Vermehrung der Hefepilze und erleichtert und beschleunigt das Gehen des Teiges.

ZUBEREITUNG In einem ausreichend großen Gefäß lauwarme Milch (etwa 1/3 der im Rezept angegebenen Menge) mit der zerbröckelten Germ versprudeln, etwas Zucker und 2–3 EL Mehl beifügen, alles verrühren und an einem warmen Ort (nicht am Ofen oder im Backofen) gehen lassen. Wenn das Dampfl Blasen wirft, dann wissen Sie, dass die Gärfähigkeit der Germ garantiert ist und Sie können es mit dem Mehl und den übrigen Zutaten vermischen.

ABGESCHLAGENER HEFETEIG

Der abgeschlagene Hefeteig wird in alten Kochbüchern oft als „ordinärer Germteig" bezeichnet. Er wird für Brot, Weißbrot und einfache Mehlspeisen verwendet, z. B. für Gugelhupfe mit wenig Fett und Eiern. Die Bezeichnung „abgeschlagen" kommt daher, dass alle Zutaten für den Teig in einen Weitling gegeben und händisch mit einem Kochlöffel „abgeschlagen" wurden. Heute gibt es in den meisten Haushalten eine Küchenmaschine oder zumindest einen Handmixer, mit denen der Teig geknetet wird. Dennoch hat sich die Bezeichnung erhalten und wurde auch in diesem Buch bei den Rezepten als Synonym für „kneten" beibehalten.

ZUBEREITUNG Ein Dampfl wie in der linken Spalte beschrieben bereiten und gehen lassen. Mehl und Salz in die Rührschüssel der Küchenmaschine (oder in eine weite Schüssel) geben und vermischen, dann das Dampfl zufügen und alles gut vermengen.

Restliche Zutaten hinzufügen und den Teig abschlagen (mit einem Kochlöffel bzw. mit der Küchenmaschine oder dem Handmixer kneten), bis er Blasen wirft.

Zugedeckt an einem warmen Ort gehen lassen, wenn sich das Volumen des Teiges verdoppelt hat, zusammenschlagen, dann weiterverarbeiten wie im Rezept beschrieben.

ABGETRIEBENER HEFETEIG

Beim „abgetriebenen Hefeteig" handelt sich um einen feinen Teig, der viel Fett und Eier enthält. Im Unterschied zum abgeschlagenen Hefeteig werden hier zunächst Fett und Eier schaumig gerührt (abgetrieben, wie man früher dazu sagte), bevor Mehl, Dampfl und die übrigen Zutaten hinzugefügt werden und der Teig geknetet wird.

(Fotos © Wilhelm Hufnagl)

ZUBEREITUNG Ein Dampfl wie auf S. 29 beschrieben bereiten und gehen lassen. Butter mit Zucker und Eiern – bzw. je nach Rezept ev. nur oder zusätzlich mit Eidottern – in der Rührschüssel der Küchenmaschine (oder in einer weiten Schüssel) schaumig rühren (= abtreiben).

Mehl dazugegeben, auf das Mehl das Dampfl geben, dann gut mit einem Kochlöffel abschlagen (bzw. mit der Küchenmaschine oder einem Handmixer verkneten).
Restliche Zutaten wie im Rezept angegeben zufügen und weiter abschlagen (kneten), bis der Teig Blasen wirft.

DIREKTER HEFETEIG

Heute wird Hefeteig zunehmend in der sogenannten „direkten Teigführung" zubereitet. Das bedeutet, dass einfach alle Zutaten direkt miteinander vermischt und verknetet werden, ohne einen Vorteig zuzubereiten. Dies erfolgt hauptsächlich bei der Verwendung von Trockenhefe; wenn Frischhefe verwendet wird, wird diese lediglich zerbröselt, bevor sie mit allen anderen Zutaten verknetet wird.

GEHEN LASSEN

Den gut abgeschlagenen (verkneteten) Hefeteig an einem warmen Ort immer zugedeckt gehen lassen, wenn der Teig das doppelte Volumen erreicht hat, zusammenschlagen.

ACHTUNG: Bei Gugelhupfen, denen nach dem Gehenlassen nicht noch weitere Zutaten beigefügt werden, den Teig vor dem Gehenlassen gleich in die Form füllen und in der Form bis zum Rand gehen lassen.

KALT GESTELLTER HEFETEIG („KALTER HEFETEIG")

Der kalt gestellte Hefeteig ist sehr praktisch und hat den Vorteil, dass er immer gelingt und länger frisch bleibt. Er kann zu verschiedenen Mehlspeisen verarbeitet werden. Ein weiterer Vorteil ist, dass man ihn am Vorabend zubereiten kann und am nächsten Tag für die Fertigstellung nur wenig Zeit braucht.

Hier ein Grundrezept für einen kalten Hefeteig, das sich auch für einen Gugelhupf eignet:

ZUTATEN 10 g Germ | 200 ml | lauwarme Milch 4 Dotter | 2 EL Zucker | 1 EL Rum (kann auch weglassen werden) | ca. 280 g Mehl | 1 Prise Salz | 100 g Butter

ZUBEREITUNG Die Germ in der lauwarmen Milch auflösen, Dotter, Zucker und Rum hinzufügen.
Alles gut versprudeln und diese Mischung in einer Schüssel mit dem Mehl vermengen.
Dann Salz und die zerlassene Butter zufügen und den Teig gut abschlagen (der Teig soll ziemlich weich sein und vom Koch*löffel dick ablaufen*).

Wenn dieser Teig für einen Gugelhupf verwendet wird, vor dem Abschlagen Rosinen hinzufügen, die Schüssel zudecken und in den Kühlschrank oder an einen kühlen Ort stellen.

Am nächsten Morgen den Teig in die Form füllen, aufgehen lassen und im auf 190 °C vorgeheizten Backofen ca. 50 Minuten backen.

(Foto © Wilhelm Hufnagl)

(Foto © Wilhelm Hufnagl)

EINEN GUGELHUPF ZU BACKEN

ÄLTESTES SCHRIFTLICH DOKUMENTIERTES GUGELHUPFREZEPT

1691

ZUTATEN 140 g Schmalz (Butter) | 6 ganze Eier
4 Dotter | ca. 140 g Zucker (nach Belieben)
1 Prise Salz | etwas Rosenwasser | ca. 300 g Mehl
100 ml Obers | 42 g Germ

ZUBEREITUNG Das zimmerwarme Schmalz (bzw. die Butter) in einer Schüssel gut abrühren, dann die ganzen Eier und die Dotter nach und nach mit dem Zucker, einer Prise Salz und Rosenwasser unterrühren, das Mehl zugeben und auf das Mehl die im lauwarmen Obers aufgelöste Germ schütten.
Den Teig sehr gut abschlagen , bis er Blasen wirft, in eine gut befettete und mit Mehl ausgestreute Gugelhupfform füllen und in einem warmen Raum gehen lassen, bis das Teigvolumen sich deutlich vergrößert hat und der Model voll ist.
Im vorgeheizten Backofen bei ca. 170 °C ca. 40 Minuten backen (Nadelprobe machen, falls nötig etwas länger backen).
Mit Zucker bestreut servieren.

Für alle Germteiggugelhupfe, die eine hohe Anzahl von Eiern enthalten, gilt: Bedecken Sie im Backofen den Model mit einer Alufolie, damit die Oberfläche nicht verbrennt.

Das Originalrezept im Rezeptbild auf der nächsten Seite stammt aus folgendem Buch: „Vollständiges Nürnbergisches Kochbuch“ (siehe Abbildung rechts) von Anna Juliana Endter, erschienen 1691 im Verlag Wolfgang Moritz Endter. Man könnte es als das „Ur-Rezept“ eines qualitativ hochwertigen Gugelhupfes (in alten Kochbüchern bezeichnet als „sehr feiner Gugelhupf“) aus „abgetriebenem“ Germteig (siehe S. 29) ansehen, denn alle späteren Rezepte, auch jene der Köche am österreichischen Hof, haben grundsätzlich die gleichen Ingredienzien und sehr ähnliche Mengenverhältnisse. Im „Vollständiges Nürnbergisches Kochbuch“ befinden sich fünf ähnliche Gugelhupfrezepte mit verschiedenen Mengenangaben je nach Größe des Models (der Form) und verschiedenen Gewichtseinheiten, wie zum Beispiel dem „Diethäuflein“, einer Maßeinheit, die nur im Nürnberger Raum verwendet wurde.

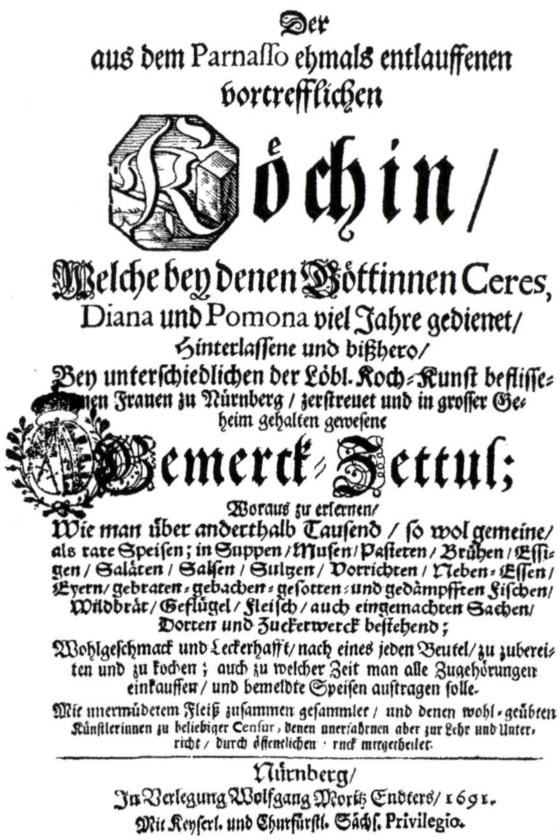

Der
aus dem Parnasso ehmals entlauffenen
vortrefflichen
Köchin/
Welche bey denen Göttinnen Ceres,
Diana und Pomona viel Jahre gedienet/
Hinterlassene und bißhero/
Bey unterschiedlichen der Löbl. Koch-Kunst beflissenen Frauen zu Nürnberg / zerstreuet und in grosser Geheim gehalten gewesene
Bemerck-Zettul;
Woraus zu erlernen/
Wie man über anderthalb Tausend / so wol gemeine/ als rare Speisen; in Suppen / Musen / Pasteten / Brühen / Essigen / Salaten / Salsen / Sulzen / Vorrichten / Neben-Essen / Eyern / gebraten- gebachen- gesotten- und gedämpfften Fischen / Wildbrät / Geflügel / Fleisch / auch eingemachten Sachen / Dorten und Zuckerwerck bestehend;
Wohlgeschmack und Leckerhafft / nach eines jeden Beutel / zu zubereiten und zu kochen; auch zu welcher Zeit man alle Zugehörungen einkauffen / und bemeldte Speisen auftragen solle.
Mit unermüdetem Fleiß zusammen gesammlet / und denen wohl-geübten Künstlerinnen zu beliebiger Censur, denen unerfahrnen aber zur Lehr und Unterricht / durch öffentlichen Druck mitgetheilet.
Nürnberg/
In Verlegung Wolfgang Moritz Endters / 1691.
Mit Keyserl. und Churfürstl. Sächs. Privilegio.

TITELSEITE AUS DEM BUCH „VOLLSTÄNDIGES NÜRNBERGISCHES KOCHBUCH“ MIT EINEM UNGLAUBLICH LANGEN, KLANGVOLLEN UNTERTITEL

Originalrezept 1691

Einen Gogelhopffen zu bachen.*

Nehmet ein viertel Pfund frisches Schmaltz / rühret dasselbe in einer Schüssel eine halbe Stund ab / schlaget sechs gantze Eyer und vier Dottern / eines nach dem andern / darein; giesset ein wenig Rosenwasser und Zucker / nach belieben / darunter / saltzets ein wenig / rühret drey Löffel voll gute weisse Bier = Heffen / und vier Löffel voll süssen Ram / ingleichen auch zehen guter Löffel voll deß schönsten und besten Mehls / darunter / daß es ein schönes Teiglein wird: Schmieret einen Dorten = Model mit Butter / giesset den Teig darein / aber nicht voll / lasset selbigen ein wenig vor dem Ofen gehen / und dann in dem Oefelein / gantz gemach / eine halbe Stund lang bachen / doch daß er nicht zu braun werde / und streuet Zucker darauf.

BUTTERLAIBL*

1679

ZUTATEN 420 g Butter | 4 ganze Eier | 4 Dotter | ca. 420 g feines Mehl (wenn nötig, etwas mehr Mehl, sodass ein weicher Teig entsteht) | 42 g Germ | ca. 125 ml lauwarme Milch | 1 Prise Salz | Zimt und Muskatblüte

ZUBEREITUNG In einem Weitling die weiche Butter schaumig abtreiben und nach und nach die ganzen Eier und Dotter unterrühren. Das Mehl zum Butterabtrieb geben, die Germ in der lauwarmen Milch auflösen, ebenfalls dazugeben, alles gut verrühren und dann die Gewürze zufügen, gut abschlagen, sodass ein weicher Teig entsteht. Wenn der Teig zu fest ist, noch etwas lauwarme Milch zufügen, wenn er zu flüssig ist, noch Mehl zufügen. Teig in einen gut befetteten Model füllen, an einem warmen Ort gehen lassen, bis sich das Volumen ungefähr verdoppelt hat, dann im vorgeheizten Backofen bei 180 °C ca. 45 Minuten backen, eventuell mit Alufolie abdecken.

Zubereitung in der Küchenmaschine: Weiche Butter in die Rührschüssel geben und langsam schaumig rühren (Momentschalter – durch die Momentschaltung entsteht eine sehr cremige Masse!), salzen, nach und nach 1 ganzes Ei und einen großen Löffel Mehl dazugeben, dies wiederholen, bis alle Eier und Dotter aufgebraucht sind. Dann das restliche Mehl und die in Milch aufgelöste Germ dazugeben, einige weitere Minuten bei Momentschaltung kneten, zuletzt noch eine Minute bei mittlerer Schnelligkeit bei Normalschaltung fertig kneten. Es entsteht ein samtiger weicher Teig, der Blasen wirft.

* Im süddeutschen Raum, vor allem in Bayern, aber auch im salzburgischen Raum, wird der **Gugelhupf auch Butterlaibl** genannt. Möglicherweise wurde das Gebäck in Ermangelung einer Gugelhupfform manchmal einfach als Laib geformt; so nennt man z. B. auch im Schwäbischen ein rundes süßes Weißbrot „Butterlaible".
Das Rezept oben ist die Transkription der Autorin des **allerältesten schriftlichen Rezepts in diesem Buch,** das sie kurz vor Erscheinen dieses Buchs ausfindig machen konnte (siehe Originalrezept unten aus dem handschriftlichen Kochbuch des Carolus Robekh aus Hallein: *„Kochbuech, darinnen auf Unterschidliche Maniern Speÿßen Zu / khochen, Vormahlens nie so Leichtlich Zu bekhommen / gewest, Mann: vnd Weibspersohnen Zu Nuzen, / ordenlichen Zusammen gesezt, vnd mit Fleÿß be/schriben: auf khünstliche arth vnd Formb / zufinden, vnd Nuzlich Zuge-brauchen. / Im Jahr Christi / 1679*

Originalrezept 1679

Butter Laibl mach also

Ein halbs mäßl mell brauchst gar Woll, ein pfundt Puter, nimb den / Puter in ein Pëkh, sez Zu der Wermb, das er geht, nimb aÿr Wieuill / du Wilt, nach dem man vill macht, ungefehr auf ein halbs mäßl 7. oder / 8. Aÿr, vnd von halben thaill die khlar hin wëkh, Nur die doter alle, nimb / dan ein guete milch, machs Warmb, geuß an die aÿr, Salz ein, ein / Wenig guete gerbm drein, spridls als durcheinander, seuds under dem / Puter im Pëkh, Rührs als undereinander, Rühr dan ein schens Mell / drein, biß einen schen ringen taig gibt, vnd doch nit so starkh als ein / Schneggen, ein Wenig dikher als ein strauben taig, sez im bëkhl Zu dem / Feuer, oder Wermb, dekh ein dëkhl drüber Wans schen gangen, bachs, / unden vnd oben gluet, beÿ einem feuer, kher das blätl bißweillen / umb, das gleich braun Wird, Wans bachen, schneid feine strizl herauß, / richts auf ein schißl, Zuggers Zimblich, Will man gern gewürz drin / haben, so nimbt man in taig Zimet vnd Mußcatblüe. /

GUGELHUPF SEHR FEIN
„DREIUNDZWANZIGSTE ART"*

1923

ZUTATEN 20 g Germ | 250 ml Obers | 280 g Butter | 1 ganzes Ei | 11 Dotter | 70 g Zucker | 1 Prise Salz | 300 g Mehl | Mandeln für die Form

ZUBEREITUNG Germ in ein wenig lauwarmem Obers auflösen. Die Butter sehr fein abtreiben (schaumig rühren), dann nach und nach das restliche Obers, Ei und Dotter zufügen, Zucker, Salz und Mehl und zuletzt die aufgelöste Germ beifügen. Sehr gut abschlagen, bis ein seidiger Teig entsteht, diesen in die gut befettete, bemehlte und am Boden mit Mandeln belegte Gugelhupfform füllen, gut gehen lassen und vorsichtig im auf 180 °C vorgeheizten Backofen ca. 1 Stunde backen (ev. nach halber Zeit etwas zurückschalten), vor dem Rausnehmen Nadelprobe machen.

Dieser Gugelhupf, der sogenannte „Dreiundzwanziger", ist dem „Ur-Gugelhupf" von 1691 sehr ähnlich, nur reicher an Fett und ohne „Aroma", d. h. ohne Rosenwasser oder Vanille etc.
Natürlich können Sie abgeriebene Zitronenschale oder einen Schuss Rum zufügen bzw. Rumrosinen verwenden.

* Rezept „dreiundzwanzigste Art" (von 35 verschiedenen und doch ähnlichen Rezepten): Anna Bergmann, *„Wiener Küche. Das beste praktische Kochbuch für sehr feine, sowie für einfache Küche, enthaltend gegen 2000 Kochrezepte und 40 Speisezettel."* 3. Auflage 1924, Wien.

FEINER GUGELHUPF

VOR 1919

ZUTATEN ½ Seitel (= 150 ml) Milch oder Obers | 1 Prise Zucker | „für 10 Kreuzer Germ" (= 40 g) | 140 g Butter | 50 g Zucker | 2 ganze Eier | 2 Dotter | 280 g Mehl | 1 Prise Salz | Mandeln für die Form

ZUBEREITUNG Ein Dampfl aus lauwarmer Milch, einer Prise Zucker und der zerbröckelten Germ bereiten, gehen lassen. Die weiche Butter mit dem Zucker, den Eiern und Dottern schaumig rühren, dann das Mehl, Salz und zuletzt das Dampfl dazugeben, gut abschlagen.
Eine Gugelhupfform gut befetten und bemehlen, in die Rillen auf dem Boden je eine Mandel legen, Teig hineingeben und gut gehen lassen, bis die Form voll ist. Dann im vorgeheizten Backofen bei ca. 180 °C Ober- und Unterhitze backen.

Im Originalrezept meiner Grazer Großmutter Katharina Zwanziger (+ 1919) sind für diesen Gugelhupf, der täglich im Hause der Großeltern für unerwartete Gäste gebacken wurde, keine weiteren Zutaten vorgesehen. Der Gugelhupf schmeckt aber sehr gut, wenn man Rosinen und einen Schuss Rum (oder in Rum eingeweichte Rosinen) unter den Teig mischt.

GUGELHUPF DER ANNA PLOCHL
AUS AUSSEE*

CA. 1840

ZUTATEN 20 g Germ | etwas lauwarme Milch | 100 g Zucker | 280 g Mehl (halb griffig, halb glatt) | 140 g Butter | 9 Dotter | 1 Prise Salz | abgeriebene Schale einer Bio-Zitrone | Rosinen nach Geschmack | 125 ml Sauerrahm

ZUBEREITUNG Die Germ in lauwarmer Milch auflösen, mit etwas Zucker und Mehl zu einem Dampfl verrühren und aufgehen lassen.
Butter mit Dottern und restlichem Zucker schaumig rühren, Salz, Zitronenschale und Rosinen sowie den sauren Rahm zufügen, dann das Mehl und das Dampfl hinzufügen und alles so lange zu einem weichen Tag abschlagen, bis dieser Blasen wirft.

In eine befettete und bemehlte Gugelhupfform füllen, zugedeckt gehen lassen und dann im vorgeheizten Backofen bei 180 °C ca. 1 Stunde backen.

Variante: Die 9 Dotter können durch 3 Dotter und 3 ganze Eier ersetzt werden. Zu beachten ist, dass die Verwendung von Eiklar den Germteig trockener macht, als wenn man nur Dotter verwendet.

* Dieses Rezept wurde bearbeitet von Dr. Herta Neuteufel, Volkskundlerin und Autorin, Herausgeberin des Erzherzog-Johann-Kochbuches und vieler anderer volkskundlicher und historischer Literatur.

WALTERSDORFER GUGELHUPF

1875

ZUTATEN 20 g Germ | 1 EL Zucker | 280 g Mehl | ca. 125 ml Wasser | 280 g Butter | 8 ganze Eier | 3 EL Rahm oder Sauerrahm | 1 Prise Salz | Rumrosinen nach Belieben

ZUBEREITUNG Germ mit etwas Zucker und 1 EL vom Mehl in etwas Wasser auflösen, Dampfl gehen lassen. Butter gut schaumig rühren (in der Küchenmaschine oder mit dem Handmixer), dann nach und nach abwechselnd unter ständigem Rühren 1 Ei und 1 Löffel Mehl zufügen, bis alle Eier aufgebraucht sind. Restliches Mehl und Salz auf den Butterabtrieb geben, darauf das Dampfl geben und den Rahm oder Sauerrahm zufügen. Alles gut zu einem samtigen, weichen Teig abschlagen. Zuletzt Rosinen untermengen.

In einer gut befetteten und mit Mehl bestreuten Gugelhupfform gehen lassen und dann bei 180 °C 1 Stunde backen.

Dieser sehr feine, leichte Germgugelhupf verträgt gut viele Rosinen. Wenn Sie den Rumgeschmack nicht schätzen, sind auch ganz normale Rosinen geeignet oder Sie weichen die Rosinen in Cointreau oder Amaretto ein.

Waltersdorf ist ein Kurort an der Thermenlinie in der Steiermark, der zur Sommerfrische gerne von Wienern besucht wurde. Dort wurde dieser Gugelhupf in einer sehr guten Konditorei gebacken. Man findet dieses Rezept in vielen Kochbüchern unter dem Namen „Waltersdorfer Gugelhupf".

Historisches

Anna Gräfin von Meran,

geb. Plochl aus Aussee, war die morganatische Ehefrau Erzherzog Johanns, der aus Liebe zu Anna auf den Thron des Reiches verzichtete und „nur“ Landesherr der Steiermark wurde. Annas Kochbuch war mehr als ein gewöhnliches Kochbuch – es war ein „Bekenntnisbuch“, wie Herta Neunteufel berichtet, in dem sie persönliche Notizen machte, das aber auch als Briefersatz zwischen ihr und dem Erzherzog diente. Zumal der Erzherzog sich für Hauswirtschaft interessierte, schickte sie ihr Kochbuch mit dem Courier dem Ehemann. In dieses Kochbuch notierte sie ihre geheimsten Stimmungen, die sie ihm mitteilen wollte. Die Gefahr, dass Briefe in falsche Hände gelangten, war somit umgangen …
Die letzten Zeilen ihres Kochbuchs geben Annas Lebenskonzept wieder: „Geduld im Leiden, sonst mutig und schweigen, nicht ohne Noth klagen, mehr denken als zagen.“

GUGELHUPF DER ANNA PLOCHL AUS AUSSEE

OLMÜTZER GUGELHUPF

1830

ZUBEREITUNG 40 g Germ | ca. 125 ml lauwarme Milch | 280 g Butter | 100 g Zucker | 4 ganze Eier | 8 Dotter | 560 g Mehl | 1 Prise Salz | abgeriebene Schale einer Bio-Zitrone | 1 Seitel (= 330 ml) Sauerrahm | 140 g Rosinen | 140 g geriebene Mandeln
1 Handvoll ganze geschälte Mandeln

ZUBEREITUNG Germ in etwas lauwarmer Milch auflösen, Dampfl bereiten und gehen lassen. Butter mit Zucker abtreiben, nach und nach die ganzen Eier und Dotter zugeben und schaumig rühren.
Mehl, Salz, Zitronenschale, Sauerrahm und Dampfl zufügen und so lange schlagen, bis der Teig Blasen wirft. Zuletzt Rosinen und Mandeln zugeben.
Den Gugelhupfmodel gut befetten und mit Mehl ausstreuen, am Boden in die Rillen ganze geschälte Mandeln legen, darauf den Teig einfüllen und gehen lassen, bis der Model voll ist.
1 Stunde bei 180 °C Ober- und Unterhitze backen (Nadelprobe machen!).

Bei eierreichen Teigen verbrennt sehr leicht die Oberfläche. Um dies zu verhindern, empfiehlt es sich, nach einiger Zeit den Model im Backofen mit einer Alufolie abzudecken.

Originalrezept 1830

Sehr guter Gugelhupf aus Olmütz

„Treibe ½ Pfund Butter mit 8 Döttern und 4 ganzen Eyern pflaumig ab, gieße 1 Seitel Schmetten und 1 Pfund Mehl und 3 Löffel Germ, 1 Viertling Zibeben und 1 Vierting Mandeln, Zitronenschale und Zucker nach Belieben darein, den Taig mußt du auch etwas salzen."

ERDÄPFEL-GERMGUGELHUPF

ANFANG 20. JH.

ZUTATEN 20 g Germ | 100 g Kristallzucker | 250 ml lauwarme Milch fürs Dampfl | 3 Dotter | 1 Prise Salz | ½ TL gestoßener Anis | ½ TL gemahlener Zimt | 1 TL frischer, fein gehackter Ingwer | 250 g glattes Mehl | 250 g griffiges Mehl | 250 g mehlige, gekochte und passierte Erdäpfel | 100 g Schweineschmalz oder Butter | 70 g Rosinen | 70 g fein gehackte Nüsse

ZUBEREITUNG Germ und Zucker in lauwarmer Milch auflösen, Dotter, Salz und Gewürze einsprudeln. Mehl mit passierten Erdäpfeln und dem flüssigen, lauwarmen Fett vermengen und das mit den Eiern etc. versprudelte Dampfl dazugeben. Gut abschlagen, bis der Teig Blasen wirft, zuletzt Rosinen und Nüsse beigeben. Ist der Teig zu fest geworden (hängt von der Mehl- und Kartoffelqualität ab), noch etwas lauwarme Milch zufügen.
Den Teig in eine gut befettete und mit Bröseln ausgestreute Form füllen und ca. 30 Minuten zugedeckt an einem warmen Orte gehen lassen.
Im vorgeheizten Backofen bei 170 °C ca. 1 Stunde backen.

KUGELHUPF OHNE MILCH

1826

ZUTATEN 30 g Germ | ca. 125 ml lauwarmes Wasser | 280 g frische Butter | 9 ganze Eier | 420 g Mehl | 10 Dotter | 140 g Zucker | abgeriebene Schale einer halben „Lemonie“ (= Zitrone) | 1 Prise Salz | Muskatblüte | 15 geschälte, geriebene bittere* Mandeln | 20 geschälte, klein geschnittene süße Mandeln

ZUBEREITUNG Germ im lauwarmen Wasser auflösen. Butter schaumig rühren, nach und nach unter Rühren abwechselnd 1 ganzes Ei, 1 großen Löffel Mehl, 1 Dotter hinzufügen, bis alle Eier, Dotter und das Mehl untergerührt sind, dann Zucker, Zitronenschale und die aufgelöste Germ zufügen und alles gut abschlagen, Salz, Muskatblüte und die Mandeln in den Teig rühren, so lange abschlagen, bis ein samtiger Teig entsteht.

* Bittermandeln können im Gegensatz zu süßen Mandeln nicht roh gegessen, sondern nur als Backzutat verwendet werden. ACHTUNG auch mit der Dosierung – denn Bittermandeln enthalten Blausäure, die in zu hoher Dosis einen unangenehmen Geschmack bewirkt und außerdem für den Menschen toxisch wirken kann. Theophrastus Bombast von Hohenheim, genannt Paracelsus († 1541), meinte dazu: *„Die Dosis macht das Gift.“*

Diesen in eine große, mit Butter ausgeschmierte und bemehlte Gugelhupfform füllen und langsam aufgehen lassen.
Im vorgeheizten Backofen 1 Stunde bei 170 °C backen, danach stürzen wie auf S. 21 beschrieben, vor dem Servieren dick mit Staubzucker bestreuen.

Variante: *Die Anzahl an Eiern und Dottern ist in diesem Rezept wirklich außerordentlich hoch. Der Gugelhupf gelingt auch, wenn Sie statt 10 Dottern und 9 ganzen Eiern nur 8 ganze Eier verwenden.*

Historisches

Kugelhupf ohne Milch

In den im 19. Jahrhundert erschienenen unzähligen neuen Kochbüchern findet sich fast in jedem neben dem Krebsgugelhupf auch ein „Gugelhupf ohne Milch“. Das hier angeführte Rezept stammt von Magdalena Dobromila Rettigova, geb. Artmann (1785–1845), einer deutschsprachigen Böhmin. Der Bekanntheitswert ihres 1826 in Prag erschienenen Kochbuchs „Hausköchin“ ist in Böhmen mit jenem des in Graz erschienenen Buches „Die süddeutsche Küche“ von Katharina von Prato zu vergleichen. Generationen von Mädchen haben ihre Kochkunst aus diesen Büchern erlernt.

GUGELHUPF OHNE MILCH
AUF EINFACHE ART

1803

ZUTATEN 40 g Germ | ca. 125 ml lauwarmes Wasser | 50 g Zucker (ev. mehr, wenn man den Gugelhupf süßer möchte) | 210 g Mehl | 280 g Butter | 8 ganze Eier | 1 Prise Salz | abgeriebene Schale einer Bio-Zitrone

ZUBEREITUNG Die Germ im lauwarmen Wasser auflösen und mit je 1 EL vom Zucker und Mehl verrühren, aufgehen lassen. Butter gut schaumig rühren (mit der Küchenmaschine oder dem Handmixer), Zucker hinzufügen, abwechselnd nach und nach 1 Ei und einen Löffel Mehl zufügen, wenn alle Eier aufgebraucht sind und die Masse sehr schaumig ist, Salz und restliches Mehl auf die Masse geben. Zitronenschale und Dampfl zufügen und nochmals mindestens 10 Minuten gut verkneten (der Teig ist ziemlich weich!).
Teig in eine befettete und mit Mehl ausgestreute Gugelhupfform füllen, gehen lassen, bis der Model voll ist, dann im vorheizten Backofen bei 180 °C ca. 1 Stunde backen.
Eventuell mit Alufolie bedecken, damit die Oberfläche nicht zu braun wird.

MANDELGUGELHUPF

ANFANG 20. JH.

ZUTATEN 20 g Germ | ca. 150 ml Milch | 140 g feinstes Mehl | 140 g Butter | 8 Eier | 140 g Zucker | 100 g geschälte, geriebene Mandeln | ausgekratztes Mark einer Vanilleschote | 1 Prise Salz

ZUBEREITUNG Aus Germ und etwas Milch, Zucker und 1 Löffel Mehl ein Dampfl bereiten, dieses gehen lassen.
Eier trennen, Butter mit den Dottern und dem Zucker gut schaumig rühren, dann Mehl, das Dampfl, die geriebenen Mandeln und das Vanillemark zugeben, zuletzt den mit Salz fest geschlagenen Eischnee unterheben, alles sehr gut abschlagen.
In die befettete und bemehlte Form füllen, gut gehen lassen und bei 180 °C ca. 45 Minuten backen (Nadelprobe machen!).

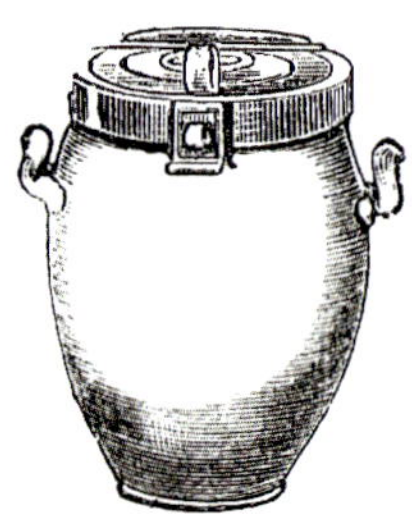

BÖHMISCHER „ORDINÄRER"* GUGELHUPF

EIN FETTARMER GERMGUGELHUPF

ANFANG 20. JH.

ZUTATEN 1 Kaffeetasse (ca. 150 ml) Obers | 20 g Germ | ca. 100 g Zucker (nach Belieben) | 400 g Mehl | 50 g Butter | 5 Dotter | 1 Prise Salz | eventuell etwas lauwarme Milch** | Schnee von 3 Eiklar | Pignoli und Rosinen nach Belieben | ganze oder halbierte Mandeln

ZUBEREITUNG In das Obers die Germ bröckeln, etwas zuckern und einen Löffel Mehl zufügen, zu einem Dampfl verrühren, dieses gehen lassen. Butter mit Dottern abtreiben, das Mehl auf den Abtrieb geben, das Dampfl zufügen und alles gut abschlagen, dann so viel lauwarme Milch zugeben, sodass ein weicher Teig entsteht, restlichen Zucker und die übrigen Zutaten sowie zuletzt den Eischnee zufügen, abschlagen und in die gut befettete, bemehlte und mit Mandeln ausgelegte Gugelhupfform füllen. Gehen lassen, bis die Form voll ist, dann bei 180 °C ca. 1 Stunde backen.

* Die Bezeichnung „ordinär" bedeutete bei den alten Rezepten des 19. Jahrhunderts so viel wie „gewöhnlich", also „bescheiden" in Hinblick auf die Anzahl von Eiern und die Menge von Butter oder Schmalz.
** Die benötigte Milchmenge hängt von der Größe der Eier und der Mehlqualität ab – so viel, wie für einen weichen Teig nötig.

BÖHMISCHER MOHNGUGELHUPF

AUS ABGETRIEBENEM GERMTEIG

VOR 1875

ZUTATEN 6 EL lauwarme Milch | 40 g Germ | 140 g Zucker | 250 g Mehl | 180 g Butter | 4 Dotter | 6 ganze Eier | 180 g geriebener Mohn | 120 g geriebene Kochschokolade | abgeriebene Schale einer Bio-Zitrone | 1 Prise Nelkenpulver | 1 Prise Zimtblüte

ZUBEREITUNG Dampfl aus Milch, Germ, 1 EL Zucker und 1 EL Mehl ansetzen, gehen lassen. Weiche Butter mit dem restlichen Zucker, den Dottern und den Eiern schaumig rühren, dann das restliche Mehl und das Dampfl beifügen und gut abschlagen. Zuletzt Mohn, Schokolade und Geschmacksingredienzien dazugeben, den Teig weiter abschlagen, bis er Blasen wirft.
Den Teig in eine gut mit Butter befettete und bemehlte Gugelhupfform füllen, gehen lassen und im auf 170 °C vorgeheizten Backofen ca. 45 Minuten backen (Nadelprobe machen!).

KREBSGUGELHUPF
SEHR FEIN

19. JH.

ZUTATEN 40 g Germ | 250 ml Milch | 140 g Krebsbutter* | 4 Dotter | 100 g geriebene Mandeln | von 30 gekochten Krebsen die ausgelösten Scheren und Schweiferl (oder ca. 200 g ausgelöstes Krebsfleisch, auch Shrimps sind möglich) | 500 g Mehl | Mark einer Vanilleschote | 1 TL Zucker | 1 TL Salz

ZUBEREITUNG Germ in der lauwarmen Milch auflösen. Krebsbutter mit den Dottern sehr flaumig rühren, dann Mandeln, das fein geschnittene Krebsfleisch und die in der Milch aufgelöste Germ zugeben, alles sehr gut verrühren, zuletzt das Mehl mit Vanille, Zucker und Salz zufügen und alles zu einem feinen, seidigen Teig kneten.
Den Teig in die gut bebutterte und bemehlte Form einfüllen und bis zum Rand des Models aufgehen lassen. Bei mittlerer Hitze (ca. 170 °C) etwa 45–60 Minuten backen (Nadelprobe machen!).

* Rezept für Krebsbutter siehe nächste Seite (Rahmen im Rezeptbild). Heute sind Flusskrebse in unseren Breiten nicht überall erhältlich, aber falls Sie welche bekommen, lohnt es sich, Krebsbutter herzustellen und einen der Krebs-Gugelhupfe nachzubacken. Allerdings gibt es heute auch fertige Krebsbutter bzw. Hummerbutter zu kaufen (z. B. im gut sortierten Fachhandel für die Gastronomie oder online).

KREBSGUGELHOPF
AUF EINFACHE ART

1740

ZUTATEN 40 g Germ | ½ Seidel (150 ml) Milch | 210 g Krebsbutter* | 6 ganze Eier | 12 Dotter | 1 Prise Salz | 700 g Mehl

ZUBEREITUNG Germ in der lauwarmen Milch auflösen, Krebsbutter gut abtreiben, nach und nach die ganzen Eier und Dotter einrühren, salzen, das Mehl und dann die in der Milch aufgelöste Germ hinzufügen. Einen glatten Teig abtreiben und in die befettete, bemehlte Gugelhupfform füllen, gut gehen lassen, bis der Model bis zum Rand voll ist, bei 180 °C backen.

Wegen des hohen Eieranteils ist es ratsam, die Oberfläche mit Alufolie abzudecken, damit sie nicht zu braun wird!

Rezepte mit Krebsbutter

findet man in fast allen Kochbüchern des 18. und frühen 19. Jahrhunderts, so auch den „Krebsgugelhopf einfache Art" auf der gegenüberliegenden Seite (aus: „Nutzliches Koch-Buch" oder „Kurtzer Unterricht / in Welchem Unterschiedene Speisen gut zu zubereiten beschriben sind", Steyr 1740, transkribiert von der Autorin).
Krebsbutter (Beurre d'ecrevisse) ist eine Mischung aus Butter und zerstoßenen Schalen von Flusskrebsen. Sie dient vor allem zur Verfeinerung von Gerichten auf Basis von Fischen und Meeresfrüchten. Hier ein Rezept zur Herstellung dieser Butter:

Krebsbutter im Hause, nach Anna Bergmann 1924

„Es werden ungefähr 10 Stück Krebse gekocht und ausgelöst, die Schalen mit 28 Dekagramm Butter sehr fein gestoßen, in einer Kasserolle an das Feuer gegeben, wo man es gut aufkocht; dann wird alles auf ein Sieb gebracht, unter welches man eine Schüssel stellt, mit einem Passierschwamm gut durchgedrückt und nachdem es gestockt ist, nach Belieben verwendet."

KREBSGUGEL-HUPF SEHR FEIN

ALTWIENER PATZERLGUGELHUPF
AUS ABGESCHLAGENEM GERMTEIG

VOR 1875

ZUTATEN TEIG 40 g Germ | ca. 125 ml Milch | 560 g Mehl | 70 g Zucker | 1 P. Vanillezucker | 2 Dotter | 1 ganzes Ei | 1 Prise Salz | 1 EL Rum | 100 g zerlassene Butter
MOHNFÜLLE 2 EL Milch | 1 EL Rum | 1 EL Honig | 100 g geriebener Mohn | Zimt | Rosinen
NUSSFÜLLE 2 EL Milch | 1 EL Rum | 30 g Zucker | 100 g geriebene Nüsse | Zimt | Rosinen
TOPFENFÜLLE 100 g Topfen | 1 Dotter | 30 g Zucker | abgeriebene Schale einer Bio-Zitrone | 1 P. Vanillezucker
POWIDLFÜLLE 100 g Powidl | 30 g Zucker | 1 EL Rum

ZUBEREITUNG Dampfl und dann abgeschlagenen Germteig wie auf S. 29 beschrieben zubereiten und gehen lassen.
Für die Mohn- und Nussfülle jeweils Milch, Rum und Honig bzw. Zucker zum Kochen bringen, Mohn bzw. Nüsse sowie Zimt und Rosinen unterrühren und auskühlen lassen.
Für die Topfenfülle und die Powidlfülle jeweils alle Zutaten kalt gut verrühren.
Den gegangenen Teig zusammenschlagen und in 24 Teile teilen, diese auf einer bemehlten Arbeitsfläche zu Kugeln formen und kurz rasten lassen.
Die Teigstücke flach drücken und jeweils 6 Stück mit Mohn-, Nuss-, Topfen bzw. Powidlfülle versehen (ca. 1 EL Fülle pro Teigstück). Die Teigstücke zu Buchteln zusammendrehen und diese abwechselnd in die gut befettete und bemehlte Gugelhupfform legen, nochmals aufgehen lassen und mit etwas zerlassener Butter begießen.
Im vorgeheizten Backofen bei 180 °C Ober- und Unterhitze ca. 1 Stunde backen.
Den Gugelhupf stürzen wie auf S. 21 beschrieben, vor dem Servieren gut mit Zucker bestreuen.

Man kann den Patzerlgugelhupf auch mit nur 3 Füllen zubereiten.

GEROLLTER MOHNGUGELHUPF
AUS ABGESCHLAGENEM GERMTEIG

2. HÄLFTE 19. JH.

ZUTATEN TEIG 40 g Germ | 50 g Zucker | 200 ml lauwarme Milch | 500 g Mehl | 100 g Butter | 3 Dotter | 1 Prise Salz | Zitronenabrieb
MOHNFÜLLE 180 g geriebener Mohn | 3 EL Honig | 2 EL Zucker | 1 guter Schuss (= ca. 4 cl) Rum (38 %) | 1 Prise Zimt | abgeriebene Schale einer Bio-Zitrone | ca. 125 ml heiße Milch (nach Bedarf) | 70 g Rosinen

ZUBEREITUNG Dampfl und abgeschlagenen Germteig wie auf S. 29 beschrieben zubereiten und gehen lassen.
Für die Fülle alle Zutaten gut vermischen und mit so viel heißer Milch verrühren, dass eine streichfähige Masse entsteht, zuletzt die Rosinen beimengen.
Teig auf einem bemehlten Nudelbrett ca. 4–5 mm dick rechteckig auswalken, mit der Fülle bestreichen, zusammenrollen (wie bei einem Strudel). Die Rolle in die gut befettete und bemehlte Gugelhupfform legen, die Enden gut zusammendrücken, mit Ei bestreichen und zugedeckt gehen lassen.
Im vorgeheizten Backofen bei 180–190 °C 50–60 Minuten backen.

Man kann diesen Gugelhupf nach dem Auskühlen auch mit einer Zitronenglasur (Rezept siehe S. 22) überziehen und mit nicht geriebenem Mohn bestreuen.

MOHNGUGELHUPF
AUS NIEDERÖSTERREICH

19. JH.

ZUTATEN 30 g Germ | ca. 150 ml Milch | 120 g Zucker | 375 ml Mehl (= ca. 270 g) | 70 g Butter | 70 g Rinderschmalz (oder auch Butter) | 2 ganze Eier | 2 Dotter | 1 TL Zimt | abgeriebene Schale einer Bio-Zitrone | ca. 300 g geriebener Mohn

ZUBEREITUNG Ein Dampfl bereiten wie auf S. 29 beschrieben, gehen lassen.
Butter (und Schmalz) schaumig rühren, nach und nach den restlichen Zucker und die Eier sowie die Dotter einrühren, Zimt und Zitronenschale dazugeben. Dann Mohn und Dampfl zum Butterabtrieb geben und den weichen Teig so lange schlagen, bis er Blasen wirft.
In eine gut befettete und mit Bröseln ausgestreute Gugelhupfform füllen, zudecken und an einem warmen Ort gehen lassen. Bei etwa 170 °C im vorgeheizten Backofen ca. 45 Minuten backen (Nadelprobe machen!).

GEROLLTER MOHN-GUGELHUPF

GMUNDNER
KORINTENGUGELHUPF

CA. 1950

ZUTATEN 400 g griffiges Mehl | 20 g Germ | etwa 125 ml Milch | 3 ganze Eier | 100 g Feinkristallzucker | 175 g Butter | 1 Prise Salz | abgeriebene Schale einer Bio-Zitrone | 220 g Korinthen (oder auch Rosinen)

ZUBEREITUNG Mehl in einen Weitling geben, in der Mitte eine Mulde machen, Germ mit der halben Menge der lauwarmen Milch versprudeln und in die Mehlmulde geben, mit etwas Mehl bestauben und zu einem Dampfl verrühren, zugedeckt 20 Minuten gehen lassen.
Wenn das Dampfl gut aufgegangen ist, Eier, die restliche Milch, Zucker, weiche Butter, Salz und Zitronenschale zugeben, alles verrühren, gut verkneten (abschlagen) und 20 Minuten gehen lassen.
Dann die Korinthen unterkneten und den Teig zu einer Rolle formen, diese in eine gut befettete und bemehlte Gugelhupfform legen und nochmals 15 Minuten gehen lassen, dann im vorgeheizten Backofen 50–60 Minuten bei 200 °C backen, Oberfläche nach der halben Backzeit mit Alufolie bedecken.

Dieser Gugelhupf wird gerne mit einer Schokoladenglasur (Rezept siehe S. 21) versehen und mit Pignoli (Pinienkernen) verziert.

GUGELHUPF MIT TROCKENOBST
AUS ABGESCHLAGENEM GERMTEIG

20. JH.

ZUTATEN 30 g Germ | ca. 250 ml lauwarme Milch | 250 g glattes Mehl | 250 g griffiges Mehl | 100 g Zucker | 1 P. Vanillezucker | abgeriebene Schale einer Bio-Zitrone | 1 Prise Salz | 3 ganze Eier | 200 g Butter | 50 g getrocknete Marillen | 50 g getrocknete Zwetschken | 70 g kandierte Kirschen | 70 g Zitronat | 120 g gehackte Walnüsse

ZUBEREITUNG Germ in der lauwarmen Milch auflösen. Gesiebtes Mehl in einen Weitling oder in die Rührschüssel der Küchenmaschine schütten, darauf Zucker, Vanillezucker, Zitronenschale, Salz und die ganzen Eier geben, kurz umrühren, die aufgelöste Germ zugeben und wieder durchrühren, zuletzt die zerlassene Butter zufügen. Einen glatten Teig abschlagen, zugedeckt 1 Stunde gehen lassen.
Den Teig zusammenschlagen, durchkneten, das sehr klein geschnittene Trockenobst, das Zitronat und die Nüsse unterkneten und den zu einer Rolle geformten Teig in eine gut befettete und bemehlte Gugelhupfform füllen, nochmals gehen lassen.
Im vorgeheizten Backofen bei 180 °C Ober- und Unterhitze ca. 1 Stunde backen.

Diesen Gugelhupf kann man nach dem Stürzen und Auskühlen mit einer weißen Zucker- oder Zitronenglasur (siehe S. 22) überziehen und mit gehackten Pistazien bestreuen.

GMUNDNER KORINTENGUGELHUPF

KÄRNTNER REIN(D)LING

19. JH.

ZUTATEN TEIG 20 g Germ | 375 ml lauwarme Milch | 50 g Zucker | 500 g Mehl | 1 ganzes Ei | 2 Dotter | 1 Prise Salz | 100 g zerlassene Butter | abgeriebene Schale einer Bio-Zitrone
FÜLLE 250 g Rohzucker | 1 TL Zimt | 100 g Rumrosinen

ZUBEREITUNG Dampfl wie auf S. 29 beschrieben zubereiten und gehen lassen. Das Mehl mit den restlichen Teigzutaten und der aufgegangenen Germ in einem Weitling gut verrühren und abschlagen. Zum Aufgehen an einen mäßig warmen Ort stellen.
Den Teig auf einer bemehlten Arbeitsfläche zusammenstoßen (flach drücken und von links und rechts zur Mitte hineinschlagen), dann rechteckig ca. 1 cm dick ausrollen. Mit Zucker, Zimt und Rosinen bestreuen, fest zusammenrollen (wie einen Strudel) und in eine gut befettete und bemehlte Gugelhupfform geben.
Nochmals aufgehen lassen und im vorgeheizten Backofen bei ca. 180 °C Ober- und Unterhitze 45–50 Minuten backen.
Nach dem Stürzen auskühlen lassen und mit Zucker bestreuen.

Historisches

Der Kärntner Rein(d)ling

Seinen Namen hat er daher, weil er früher in einer „Rein" (Kasserolle) bzw. einem „Reindl" gebacken wurde. Heute wird er meist in einer Gugelhupfform gebacken. Als ein „Verbindungsstück" zwischen Kärnten und dem slowenischen Raum geht er vermutlich auf das 16. Jahrhundert *zurück. In seiner Urform war der Reinling wohl nichts anderes als ein gesüßtes Weißbrot (meist mit Fenchel), das in einem „Schartl" (flache Röstpfanne) gebacken wurde. Heute ist der typische Reinling gefüllt – regional unterschiedlich mit Zucker, Zimt und Rosinen oder auch mit Zucker, Zimt und Nüssen. In ein buntes Geschirrtuch gebunden ist er ein typisches Kärntner Geschenk bzw. Mitbringsel.*

OFENKATZE
(VORARLBERGER GUGELHUPF)

20. JH.

ZUTATEN 30 g Germ | ca. 150 ml Milch | 80 g Zucker | 420 g Mehl | 140 g Butter | 2 ganze Eier | 2 Dotter | 1 Prise Salz | 1 TL geriebene Zitronenschale | 1 TL Rum | 500 g geschältes, klein geschnittenes Obst nach Saison (Äpfel, Birnen, getrocknete Zwetschken etc.) | zerlassene Butter zum Bestreichen

ZUBEREITUNG Germ mit lauwarmer Milch, 1 EL vom Zucker und 2–3 EL vom Mehl zu einem Dampfl verrühren und gehen lassen. Butter, restlichen Zucker, Eier und Dotter schaumig rühren, mit den Geschmackszutaten, dem restlichen Mehl und dem Dampfl zu einem weichen Germteig verkneten und gehen lassen.
Den aufgegangenen Teig mit dem Obst vermengen, in eine gut befettete und bemehlte Gugelhupfform geben und nochmals gehen lassen.
Mit zerlassener Butter bestreichen und im vorgeheizten Backofen bei 180 °C ca. 1 Stunde goldbraun backen.

KÄRNTNER REIN(D)LING

AUF FEINERE ART

20. JH.

ZUTATEN TEIG 30 g Germ | ca. 150 ml Milch (nach Bedarf) | 200 g Mehl | 25 g Zucker | 40 g zerlassene Butter | 1 Dotter | abgeriebene Schale einer halben Bio-Zitrone | 1 Prise Salz
MEHLBUTTER 120 g Butter | 40 g Mehl
FÜLLE reichlich zerlassene Butter | 180 g geriebene Nüsse oder Haselnüsse | 2 Rippen geriebene Schokolade | 2 EL Rosinen | 1 EL gehacktes Zitronat oder Arancini | 100 g Zucker nach Geschmack | Zimt

ZUBEREITUNG Germ in der lauwarmen Milch auflösen, den übrigen Teigzutaten zu einem abgeschlagenen Germteig verkneten.
Für die Mehlbutter Butter mit Mehl abbröseln. Den gegangenen Germteig auf einem Brett auswalken, die Mehlbutter daraufgeben, mit dem Nudelwalker in den Teig „klopfen", Teig noch einmal auswalken, dann (wie beim Butterteig) dreifach zusammenschlagen und auf dem Brett weitere 30 Minuten gehen lassen.
Danach den Teig fingerdick zu einem Rechteck auswalken, mit viel zerlassener Butter bestreichen und mit den Füllezutaten bestreuen. Wieder mit zerlassener Butter beträufeln, der Länge nach fest zusammenrollen und in eine gut befettete Gugelhupfform legen.
Im auf 190–200 °C vorgeheizten Backofen backen, noch heiß auf ein Kuchengitter stürzen und mit Staubzucker bestreuen.

ORANGENGUGELHUPF

AUS ABGESCHLAGENEM GERMTEIG

NACH 1945

ZUTATEN TEIG 40 g Germ | knapp 250 ml Milch | 175 g Staubzucker | 500 g Mehl | 1 Prise Salz | 250 g Butter | 6 ganze Eier | Saft und abgeriebene Schale einer Bio-Orange | abgeriebene Schale einer Bio-Zitrone | 125 g geriebene Mandeln
ZUM BESTREICHEN 2 EL Orangenlikör (Cointreau) | passierte Orangenmarmelade

ZUBEREITUNG Aus zerbröselter Germ, lauwarmer Milch, 1 EL vom Zucker und 2–3 EL vom Mehl ein Dampfl ansetzen, gehen lassen.
Restliches Mehl in eine große Schüssel (oder in die Rührschüssel einer Küchenmaschine) geben, salzen, dann das aufgegangene Dampfl zufügen, umrühren, die leicht zergangene Butter und die restlichen Zutaten einarbeiten und gut verkneten, bis der Teig sich vom Schüsselrand löst, den Teig mindestens 1 Stunde gehen lassen.
Danach den Teig zusammenschlagen und in eine gut befettete, bemehlte und mit Mandeln ausgelegte Gugelhupfform füllen, weitere 15 Minuten gehen lassen und dann im vorgeheizten Backofen bei ca. 190 °C etwa 50–60 Minuten backen.
Auf ein Kuchengitter stürzen und mit der mit Cointreau verrührten Orangenmarmelade großzügig bestreichen.

LUNGAUER „GRANTNNUDEL"

19. JH.

ZUTATEN TEIG 300 g lauwarme Milch | 20 g frische Germ | 60 g Zucker | 500 g Weizenmehl (Type 700) | 10 g Backmalz (wenn vorhanden) | 60 g weiche Butter | 1 Prise Salz
FÜLLE ca. 220 g Preiselbeermarmelade

ZUBEREITUNG Aus einem Teil der Milch, der zerbröselten Germ sowie etwas Zucker und 2–3 EL Mehl wie auf S. 29 beschrieben ein Dampfl bereiten und gehen lassen, dann mit den übrigen Teigzutaten vermengen und gut abschlagen, bis der Teig Blasen wirft, den Teig 30 Minuten gehen lassen.
Danach den Teig zusammenschlagen und daraus eine Kugel formen, diese auf einer bemehlten Arbeitsfläche zu einem gleichmäßigen Rechteck auswalken, darauf dick Preiselbeermarmelade streichen und den Teig wie einen Strudel zusammenrollen.
In eine gut befettete und mit Mehl ausgestreute Gugelhupfform geben und zugedeckt weitere 20–30 Minuten gehen lassen.
Im vorgeheizten Backofen bei 180 °C Ober- und Unterhitze ca. 1 Stunde backen.

„Grantn" – so werden im Lungau und in vielen anderen Regionen Österreichs Preiselbeeren genannt – sind äußerst reich an Mineralstoffen sowie Vitaminen und noch dazu äußerst schmackhaft!

„MANDELTKÖJLHOPF"
KUGELHOPF AUX AMANDES AUS DEM ELSASS

ANFANG 19. JH.

ZUTATEN 500 g Mandelmehl | 500 g Kristallzucker | 16 Eier | 40 g Germ | 1 EL Rosenwasser | 1 Tasse Korinthen oder Rosinen

ZUBEREITUNG Rosinen im Rosenwasser einweichen. Das Mandelmehl mit 100 g vom Kristallzucker im Mörser stampfen bzw. in der Küchenmaschine bei hoher Geschwindigkeit mixen, dann den restlichen Zucker untermischen. Die Eier trennen, Eiklar zu festem Schnee schlagen, Dotter schaumig rühren und zum Mandel-Zucker-Gemisch geben, weiterrühren. Die in etwas Wasser aufgelöste Germ und die eingeweichten Rosinen zufügen, dann den festen Schnee unterziehen.
In eine gründlich mit Butter befettete und reichlich mit Semmelbröseln ausgestreute Gugelhupfform füllen, zugedeckt 1 Stunde im Warmen gehen lassen, dann bei 180 °C ca. 45 Minuten backen. Unbedingt Nadelprobe machen!

Das Originalrezept ist für einen sehr großen Model berechnet. Ich nehme daher meist die halbe Menge für eine mittlere Form, außerdem reduziere ich den Zucker etwas und arbeite zusätzlich 50 g griffiges Mehl in den Teig ein:

ZUTATEN 250 g feinst geriebene Mandeln, mit oder ohne Schale | 50 g griffiges Mehl | 200 g feiner Kristallzucker | 8 Eier | ½ EL Rosenwasser | ½ Tasse Rosinen | 20 g Germ

LUNGAUER „GRANTNNUDEL"

LE KOUGLOF

ANFANG 19. JH.

ZUTATEN TEIG 300 g Mehl | 60 g Zucker | 3 g Salz | 2 kleine Eier | 100 g Milch | 10 g frische Germ | 90 g Butter | 60 g Rosinen, am Vortag in Kirschschnaps einweichen | eine Handvoll ganze Mandeln
ZUM BETRÄUFELN 50 ml Wasser | 30 g Zucker | 10 ml Kirschschnaps

ZUBEREITUNG In der Küchenmaschine oder auch händisch bzw. mit den Knethaken des Handmixers Mehl, Zucker, Salz, Eier und in lauwarmer Milch aufgelöste Germ gut mischen und mit langsamer Geschwindigkeit verkneten, bis die Mischung homogen ist.
Die in Stücke geschnittene Butter dazugeben und bei mittlerer Geschwindigkeit weitere 20 Minuten kneten. Den Teig zugedeckt bei Raumtemperatur ca. 90 Minuten gehen lassen.
Dem aufgegangenen Teig die Rosinen beifügen und wieder durchkneten.
Die Kouglofform gut mit Butter befetten und mit Mehl austauben, auf den Boden in die Rillen die ganzen Mandeln legen.
Den Teig in die Form geben und festdrücken, zugedeckt weitere 90 Minuten gehen lassen.
Im vorgeheizten Backofen bei 170 °C ca. 45 Minuten backen, Nadelprobe machen.
Für den Sirup Wasser und Zucker so lange kochen, bis der Zucker sich aufgelöst hat und die Flüssigkeit glasig ist, dann vom Feuer nehmen und den Kirschschnaps zufügen.
Den gestürzten, noch warmen Gugelhupf mit diesem Sirup beträufeln.

Achtung: Diese Garzeit gilt für eine irdene Form, in Metallformen verkürzt sich die Backzeit (Nadelprobe machen!).

Historisches

Der traditionelle Elsässer

Im Elsass ist der Gugelhupf ein Traditionsgebäck und hat - ebenso wie in Österreich - einen besonderen Platz in der Esskultur. Genannt wird er dort Couglof, Kouglof oder auch Kougelhopf. Wie und wann er in den Elsass kam, ist ungewiss. Es gibt eine Erzählung, nach der er durch Marie-Antoinette, der Tochter Maria Theresias, von Österreich nach Frankreich gebracht worden sei. Die Franzosen sind aber überzeugt, dass der Gugelhupf seinen Ursprung in dem elsässischen Städtchen Ribeauville hat, wo sogar alljährlich am zweiten Sonntag im Juni eine Fète du Kougelhopf stattfindet.
Der Kouglof wird immer in einer irdenen Form gebacken. Auffallend am Elsässischen Gugelhupf ist, dass dieser immer einen dicken, wulstigen Rand hat und der gerillte Teil relativ steil nach oben geht. Einer elsässischen Legende nach soll diese einzigartige, elegante Form den Turban eines Magierkönigs darstellen.

ELSÄSSISCHER KOUGELHOPF ANDERER ART

ANFANG 19. JH.

ZUTATEN 25 g Germ | 200 ml Milch | 100 g Butter | 200 g Zucker | 500 g Mehl | 1 Prise Salz | 2 Eier | 125 g Malaga-Rosinen | 1 Handvoll ganze Mandeln

ZUBEREITUNG Germ in etwas von der lauwarmen Milch auflösen. Butter in der restlichen Milch schmelzen und mit Zucker, Mehl, Salz und den Eiern vermengen, dann die aufgelöste Germ zufügen und den Teig gut verkneten, zum Schluss die Rosinen einkneten.
Die Kouglofform gut mit Butter befetten und mit Mehl austauben, auf den Boden in die Rillen die ganzen Mandeln legen.
Teig in die Form geben, gut andrücken und 6 Stunden aufgehen lassen.
Zuerst bei niedriger Temperatur (160 °C) 15 Minuten anbacken, Temperatur erhöhen und bei stärkerer Hitze ca. 45 Minuten fertig backen.

SLOWENISCHE NUSSPOTITZE

19. JH.

ZUTATEN TEIG 20 g Germ | ca. 300 ml lauwarme Milch | 3 EL Zucker | 750 g glattes Mehl | 2 Dotter | 100 g Butter | 1 TL Salz | 2 cl Rum | abgeriebene Schale einer Bio-Zitrone | 1 P. Vanillezucker
FÜLLE 1 kg geriebene Nüsse* | 250 ml heiße Milch | abgeriebene Schale einer Bio-Zitrone | etwas Zucker | 1 P. Vanillezucker | Zimt

ZUBEREITUNG siehe nächstes Rezept

* Mit Nüssen sind in Österreich eigentlich immer Walnüsse gemeint. Meistens werden nur Nüsse, die nicht Walnüsse sind, mit ihrem Arten-Namen bezeichnet (Hasel-, Macadamia-, Pekannüsse, Mandeln usw.).

STEIRISCHE NUSSPOTITZE

2. HÄLFTE 19. JH.

Historisches & Wissenswertes

Füllungen

Während heute die Walnussfüllung am verbreitetsten ist, waren es ursprünglich wohl eher Füllungen mit Honig oder sogar mit Grieben (Grammeln, slowenisch „ocvirkovka"). Wenn kein Weizenmehl zur Verfügung stand, wurden die Potitzen mit Heidenmehl (Buchweizenmehl) zubereitet. Wenn im Frühjahr nicht mehr ausreichend Walnüsse übrig waren, wurden gedörrte Birnen für die Fülle verwendet. Als Rosinenersatz dienten klein geschnittene gedörrte Zwetschken.

Eine südsteirische (heute slowenische) Spezialität ist die Estragonpotitze.

ZUTATEN TEIG 1 kg Weizenmehl | 30 g Germ | 300–500 ml lauwarme Milch | 2 EL Zucker | 3–4 Dotter | 120 g Butter | 1 TL Salz
FÜLLE 700 g geriebene Walnüsse | ca. 150 ml Milch | 200 g Honig | 50 g Zucker | Zimt | etwas Rum oder Schnaps

ZUBEREITUNG Ein Dampfl und einen abgeschlagenen Germteig wie auf S. 29 beschrieben zubereiten und gehen lassen.
Für die Fülle die Nüsse mit heißer Milch übergießen dann die restlichen Zutaten hinzufügen.
Den Teig zu einem großen Viereck auswalken, die Fülle aufstreichen, Teig mit Fülle fest zusammenrollen und in einen irdenen Potitzen- oder Gugelhupfmodel geben, rund 40 Minuten gehen lassen, bis sich das Volumen deutlich vermehrt hat, mit Ei bestreichen, im vorgeheizten Backofen bei 180 °C Ober- und Unterhitze 30–40 Minuten backen.

ESTRAGONPOTITZE
NACH DEM HAUSREZEPT EINER FREUNDIN

20. JH.

ZUTATEN TEIG 30 g Germ | 250 ml Milch | 50 g Zucker | 500 g Mehl | 100 g Butter | abgeriebene Schale einer Bio-Zitrone | 3 Eier | Salz
FÜLLE 250 g Topfen | 2–3 EL Sauerrahm | 90 g Zucker nach Geschmack | Schnee von 3 Eiklar | 14 g getrockneter oder 1 Bund frischer Estragon, fein gehackt | ca. 100 g zerlassene Butter zum Bestreichen

ZUBEREITUNG Abgeschlagenen Germteig zubereiten und gehen lassen (siehe S. 29).
Für die Fülle die Zutaten (außer der zerlassenen Butter) gut vermischen. Den aufgegangenen Teig fingerdick ausrollen, zuerst mit Butter bestreichen und dann die Fülle auftragen. Den Teig fest zusammenrollen, in eine gut befettete und bemehlte Gugelhupf- oder Potitzenform geben, 30 Minuten gehen lassen. Im vorgeheizten Backofen bei 200 °C 15 Minuten, danach bei 180 °C 45 Minuten backen.

ESTRAGONPOTITZE

19. JH.

ZUTATEN DAMPFL 1 Büschel frische Estragonblätter (oder 1 EL getrocknete, diese kurz in lauwarmem Wasser einweichen) | 20 g Germ | 1 EL Zucker | 100 ml lauwarme Milch | 1 EL Mehl
TEIG 600 g Mehl | 1 TL Salz | 80 g Zucker | 80 g zerlassene Butter | abgeriebene Schale einer Bio-Zitrone | 1 EL Rum | 300 ml lauwarme Milch
FÜLLE 100 g Brösel | 100 g Butter | 3 Eier | 120 g Zucker | 200 ml Obers | 1 Handvoll frische, fein gehackte Estragonblätter

ZUBEREITUNG Für das Dampfl die Estragonblätter abzupfen und in kleine Stücke hacken. Die Germ und den Zucker in der Milch auflösen, Mehl und Estragon dazugeben und gehen lassen.

Das „Dampfl" mit den übrigen Teigzutaten vermischen und verkneten. 30 Minuten gehen lassen, dann noch einmal gut durchkneten, erneut 30 Minuten gehen lassen.
Für die Fülle die Brösel mit der Butter kurz durchrösten und die Mischung abkühlen lassen. Eier trennen, die Eiklar zu steifem Schnee schlagen.
Zucker, Dotter und Obers mit den gerösteten Bröseln verrühren und den Schnee vorsichtig unterheben.
Den aufgegangenen Teig auswalken und die Fülle darauf verteilen, mit den fein gehackten Estragonblättern bestreuen. Den Teig mit der Fülle fest einrollen und in eine Potitzenform oder einen Gugelhupfmodel legen. Mit Zahnstochern leicht einstechen und dann noch 30 Minuten gehen lassen.
Im vorgeheizten Backofen die ersten 10 Minuten mit 220 °C backen, dann die Temperatur auf 180 °C zurückdrehen und rund 50 Minuten fertig backen.

Historisches & Wissenswertes

Rund um die Potitze

In jedem guten österreichischen Kochbuch steht ein Potitzenrezept, meist eine Nusspotitze oder eine Mohnpotitze. Nicht alle wissen, dass die Potitze ursprünglich aus Slowenien kommt. Sie ist ohne Zweifel die bekannteste unter den slowenischen Mehlspeisen. Man findet sie dort bei allen festlichen Anlässen. Es ist mehr als wahrscheinlich, dass „Potica" von „povitica" (slow. = eingerollt) kommt.
Es handelt sich also bei den Potitzen um „gefüllte Roll-Kuchen". Angeblich ist eine der Gugelhupfform ähnliche spezielle Potitzenform schon seit über 200 Jahren nachweislich im Einsatz (siehe auch Foto unten, Potitzenform ohne Kamin). Davor wurden die eingerollten Potitzen einfach wie Brotlaibe ohne Form direkt im Steinofen gebacken.
Heute werden in Österreich Potitzen meist der Länge nach von beiden Seiten zur Mitte hin eingerollt und in einer Kastenform gebacken. Wie beim Reindling (der früher in Reindln gebacken wurde) wird die Gugelhupfform jedoch auch bei dieser Gebäckspezialität immer häufiger als Backform verwendet.

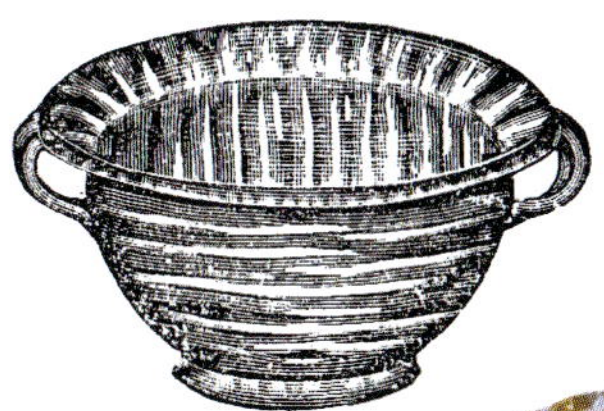

Klosterküchen-Rezepte

KULINARISCHE SCHÄTZE AUS KLÖSTERN

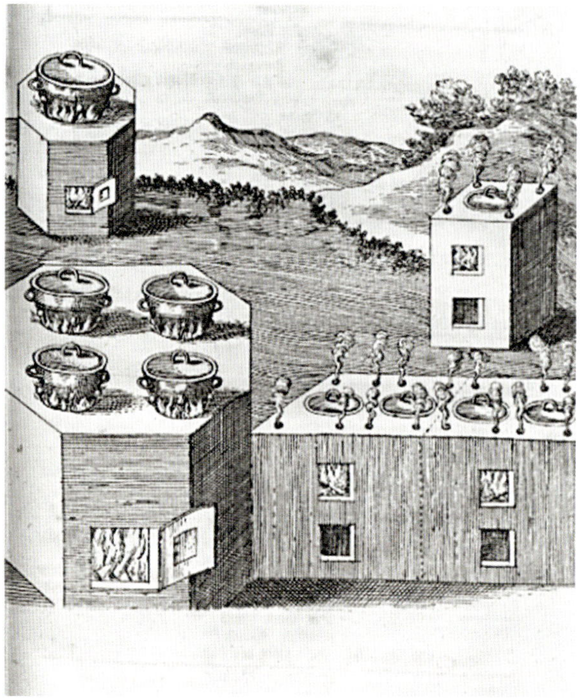

Klöster sind Kulturstätten mit Archiven und Bibliotheken zu allen möglichen Themen, so sind sie auch wahre Fundgruben zum Thema Kochkultur. Denn in Klöstern wurde zwar gefastet, aber auch gefeiert. Teresa von Ávila, die Reformatorin des strengen Karmelitinnenordens, lehrte ihre Nonnen das richtige Fasten und das richtige Feiern, indem sie weise meinte:

„Wenn Rebhuhn, dann Rebhuhn, wenn Fasten, dann Fasten!"

Von Brot und Gebäck über Fleischgerichte bis hin zu Mehlspeisen – in Klosterküchen wurden sowohl für die damalige Zeit traditionelle als auch etwas ausgefallenere Speisen zubereitet.

So sind auch zum Thema Gugelhupf und Dunstkoch in jedem Kloster viele Rezeptvarianten zu finden. Ob Gugelhupfe aus Germteig- oder Rührteig, pikante oder süße Dunstgugelhupfe – auf den folgenden Seiten sind einige Beispiele angeführt.

DUNSTKOCH-GUGELHUPFE

Dunstkoche sind eine Besonderheit unter den Gugelhupfen, denen sie aufgrund ihrer Form zugerechnet werden, obwohl sie von ihrer Konsistenz, von den Zutaten und der Zubereitung her nicht mit dem typischen Gugelhupf vergleichbar sind. Es handelt sich um flaumige, oft souffléartige Massen, die sowohl süß oder pikant sein können und in speziellen Dunstkochmodeln mit gut verschließbarem Deckel im Wasserbad gegart werden.

Diese Dunstkoche wurden bei Hof, in adeligen und gutbürgerlichen Haushalten und eben auch in Klöstern gerne aufgetischt. Nähere Informationen zu diesem spannenden Thema finden Sie auf S. 12, 84 und 85.

GUTER MANDELGUGELHUPF
DER URSULINEN IN SALZBURG

1716

ZUTATEN 50 g Germ | ca. 125 ml Rahm | 280 g Butter | 70 g Zucker | 1 Prise Salz | 12 ganze Eier | 6 Dotter | ca. 300 g Mehl (oder etwas mehr, allerdings soll der Teig eher weich sein) | 140 g geriebene Mandeln

ZUBEREITUNG Die Germ im lauwarmen Rahm auflösen. Die Butter mit dem Zucker und Salz sehr schaumig rühren – in der Küchenmaschine am besten mit Intervallschaltung, nach und nach die Eier und Dotter zufügen und nach jedem Ei einen Löffel Mehl. Die geriebenen Mandeln zufügen und weiterrühren, bis der Teig Blasen wirft. Falls der Teig zu flüssig ist, noch Mehl zufügen. Es soll ein weicher Teig sein, der vom Kochlöffel „fließt".
In den gut gebutterten und bemehlten Model füllen und zugedeckt gehen lassen, bis der Model voll ist. Im vorheizten Backofen bei ca. 170 °C *etwa* 45 Minuten backen (Nadelprobe!).

Die Ursulinen, ein Schulorden, wurden 1695 von Fürsterzbischof Johann Ernestus Graf Thun von Klagenfurt nach Salzburg zur Bildung der höheren Töchter berufen. Die Nonnen waren größtenteils adeliger Herkunft. Sie hinterließen ein handschriftliches Kochbuch unter dem Titel „Koch-Buech so zusamen geschriben anno 1716" mit 560 Rezepten, die alle aus herrschaftlichen Küchen stammten.
Das von der Autorin transkribierte Rezept oben beruht auf dem Originalrezept aus diesem Kochbuch.
Allerdings ist im Originalrezept (siehe unten) kein Zucker angegeben, die Autorin fügt immer 70 g hinzu. Wie schon erwähnt, waren die Eier früher kleiner als heute. Wenn Sie also keine Eier der Größe „S" bekommen, können Sie die Anzahl um mindestens 2 Eier und 2 Dotter reduzieren.

Originalrezept 1716

Ein Guette Goglhof von Mandl Zumachen

„Nimbe ein halbes lt butter treibe in gar woll ab nimbe 12 Ayr ganz und 6 Dotter legs aber in ein warmbes wasser riers nach und nach Darein Auf ein Virtum Gestossne Mandl. Nimbe 6 löffel Voll Guette weisse bier Gerben auch so vill Dickhern Rämb und rirs auch Gar woll Darein salze ihn und mache ihn mit den Nudl mehl in der rechten Dickh. Gar anschmirbe das selbige Geschier und thue de taig Darein oben Auf wider einen butter unnd lass ihn Gar wollgehe, hernach so backe ihn Gar schönn als wie bewust er ist recht.

ROTWEIN-SCHOKOLADEN-NUSS-GUGELHUPF

AUS DER KLOSTERKÜCHE SEITENSTETTEN

20. JH.

ZUTATEN TEIG 5 Eier | 1 Prise Salz | 200 g Zucker | 200 g weiche Butter | 1 P. Vanillezucker | 100 g geriebene Schokolade | 1 TL ungesüßter Kakao | 100 g geriebene Walnüsse | 250 g Mehl | 1 P. Backpulver | 125 ml Rotwein
GLASUR (Rezept siehe S. 21) | Nüsse zum Verzieren

ZUBEREITUNG Eier trennen, Eiklar mit Salz und 100 g Zucker zu steifem Schnee schlagen.
Butter mit dem restlichen Zucker, Vanillezucker und Dottern schaumig rühren, Schokolade und Kakao untermengen.
Nüsse mit Mehl und Backpulver mischen und abwechselnd mit dem Rotwein unterrühren. Eischnee unterziehen und die Masse in eine gut befettete und bemehlte Gugelhupfform füllen.
Im vorgeheizten Backofen bei 170 °C etwa 55 Minuten backen (Nadelprobe machen!).
Den abgekühlten Gugelhupf mit Schokoladenglasur überziehen und mit Nüssen verzieren.

WARMER TOPFEN-DUNSTGUGELHUPF

CA. 1 LITER

20. JH.

ZUTATEN 2 Eier | 5 g Butter | 100 g Zucker | 1 P. Vanillezucker | 1 Prise Salz | 250 g trockener Topfen* | 125 ml Milch | 80 g Maisstärke | 60 g gehackte Mandeln oder Nüsse | 50 g Korinthen

ZUBEREITUNG Eier trennen, Butter mit Zucker, Vanillezucker, Salz und Dottern schaumig rühren, den passierten Topfen mit Milch, gesiebter Maisstärke und gehackten Mandeln oder Nüssen sowie mit den gewaschenen Korinthen gut verrühren. Eiklar zu Schnee schlagen, unterziehen und die Masse in eine sehr gut befettete, gut mit Bröseln ausgestreute Dunstgugelhupfform füllen.
Im Wasserbad etwa 30–40 Minuten langsam garen und mit Kompott oder Fruchtsaft servieren.

** Topfen über einem Sieb einige Stunden abtropfen lassen.*

ACHTUNG: Es ist sehr wichtig, die verschließbaren Formen für Dunstkoche (Puddingform mit Deckel) besonders gründlich mit einem Pinsel mit flüssiger Butter zu befetten und zusätzlich gut zu bemehlen bzw. mit Bröseln auszustreuen – sowohl die Form als auch den Deckel! Weitere Informationen zum Thema Dunstkoch siehe S. 12, 84 und 85.

ROTWEIN-SCHOKOLADEN-NUSS-GUGELHUPF

MARMORGUGELHUPF MIT WALDVIERTLER MOHN

AUS DER KLOSTERKÜCHE SEITENSTETTEN

20. JH.

ZUTATEN TEIG 250 g weiche Butter | 250 g Zucker | 1 Prise Salz | 1 P. Vanillezucker | 4 Eier | 450 g Mehl | 1 P. Weinstein-Backpulver | ½ P. Vanillepuddingpulver | 2 EL Rum | ca. 125 ml Milch
MOHNMASSE 125 g gemahlener Waldviertler Graumoh | 125 ml Milch | 100 g Zucker | 1 P. Vanillezucker | 2 EL Rum

ZUBEREITUNG Für die Mohnmasse Mohn mit heißer Milch übergießen, mit Zucker, Vanillezucker und Rum vermengen und etwas ziehen lassen.
Für den Teig Butter mit Zucker, Salz, Vanillezucker und Eiern schaumig rühren, Mehl mit Backpulver und Puddingpulver mischen und durchsieben, abwechselnd mit Rum und Milch in die Schaummasse rühren. Zwei Drittel des Teiges in eine befettete, bemehlte Gugelhupfform füllen, den Rest des Teiges mit der Mohnmasse vermengen und auf dem hellen Teig verteilen. Den Mohnteig mit einer Gabel spiralförmig unter den hellen Teig ziehen.
Im vorgeheizten Backofen bei 175 °C ca. 40–50 Minuten backen.

KICHERERBSEN-DUNSTGUGELHUPF

CA. 700 ML

19. JH.

ZUTATEN 2 Eier | 250 g Kichererbsen, über Nacht in Wasser eingeweicht | 100 g Butter| 2 EL Sauerrahm | 1 Prise Salz und Pfeffer

ZUBEREITUNG Eier trennen, Eiklar zu steifem Schnee schlagen. Die eingeweichten Kichererbsen weich kochen (das nimmt viel Zeit in Anspruch, aber in einem Schnellkochtopf vermindert sich die Kochzeit erheblich).
Die gekochten Kichererbsen mit der Butter im Mixer fein passieren, dann Dotter, Sauerrahm, Salz und Pfeffer zugeben und abschmecken. Zuletzt den Eischnee unterziehen.
Die Masse in eine sehr gut befettete und bemehlte Gugelhupfform füllen und nicht zugedeckt im Wasserbad im Backofen 1 Stunde garen.

Dieses Dunstkoch können Sie als Beilage (z. B. zu Saftfleisch) servieren und mit heißer Butter begießen. Statt Kichererbsen können Sie auch andere Hülsenfrüchte verwenden, wie z. B. getrocknete gelbe Erbsen oder Tellerlinsen.

MARMORGUGELHUPF MIT WALDVIERTLER MOHN

GOGELHOPF MIT MANDELN ZU MACHEN

18. JH.

ZUTATEN* ca. 125 ml lauwarme Milch | 1–2 EL Zucker | 40 g Germ | 200 g Mehl | 140 g Butter | 100 g Zucker | 3 ganze Eier | 3 Dotter | 1 Prise Salz | 70 g gestiftelte Mandeln | 1 Handvoll in Rum eingeweichte Rosinen | 4 EL Sauerrahm | abgeriebene Schale einer Bio-Zitrone | geschälte Mandeln für die Form

ZUBEREITUNG Aus Milch, 1–2 EL Zucker, zerbröselter Germ und etwas vom Mehl ein Dampfl ansetzen und gehen lassen, bis es Blasen wirft.
Butter mit Zucker, Eiern und Dottern schaumig rühren, dann die restlichen Zutaten dazugeben und so lange abschlagen, bis der Teig Blasen wirft, gehen lassen. Eine Gugelhupfform gut befetten, mit Bröseln ausstreuen, auf den Boden der Form in die Rillen geschälte Mandeln legen und den Teig in die Form geben, nochmals gehen lassen, im vorgeheizten Backofen bei 160 °C ca. 90 Minuten backen**.

* Das Originalrezept aus dem Stift Admont (Steiermark) wurde auf eine kleine Form reduziert.
** Im Originaltext heißt es: *„Schmier ihn oben auf mit Butter, laß ihn an einem warmen Ort zugedeckt gehen, und bach ihn schön, als wie bewußt"*.

WARMER FISCHGUGELHUPF

19. JH.

ZUTATEN 750 g küchenfertig vorbereiteter Fisch (am besten Hecht oder auch ein fester Seefisch) | 1 Prise Salz | Pfeffer | Piment | Lorbeerblatt | Zitronensaft | 4 Eier | 150 g Butter | 200 ml Milch | 20 g Semmelbrösel | fein gehackte Petersilie | Salz

ZUBEREITUNG Den Fisch mit den Gewürzen kurz kochen, abseihen, Kopf, Gräten und Flossen entfernen und das Fischfleisch mit Zitronensaft beträufeln. Im Mixer pürieren und durch ein Sieb streichen, um Grätenreste zu verhindern.
Eier trennen, Butter mit den Dottern schaumig rühren, Semmelbrösel mit Milch vermischen und zum Butterabtrieb geben, dann Petersilie und Salz zufügen, den passierten Fisch unterheben und zuletzt den festen Schnee unterziehen.
In einer gut befetteten und mit Semmelbröseln ausgestreuten Gugelhupfform im Wasserbad im Backofen ca. 1 Stunde garen.

Dazu passt sehr gut eine Basilikumsauce: Für die **Basilikumsauce** *1 Schalotte fein schneiden und in Butter anlaufen lassen, mit 100 ml Weißwein und 20 ml trockenem Wermut (Noilly Prat) aufgießen, reduzieren und dann mit 400 ml Fischfond aufgießen, wieder reduzieren auf 1/3 des Volumens. Mit 300 ml Obers vermengen und wieder auf 1/3 des Volumens reduzieren. Abschmecken mit Salz und Pfeffer, frische Basilikumblätter zufügen und mit dem Stabmixer aufschlagen.*

GOGELHOPF MIT MANDELN ZU MACHEN

STARKBIERGUGELHUPF

19. JH.

ZUTATEN 200 g weiche Butter | 180 g Zucker | 1 Prise Salz | 1 P. Vanillezucker | 4 ganze Eier | etwas abgeriebene Zitronenschale | 80 g geraspelte Zartbitterschokolade | ½ P. Weinstein-Backpulver | 300 g Mehl | 125 ml Starkbier

ZUBEREITUNG Butter mit Zucker, Salz, Vanillezucker und Eiern zu einer flaumigen Schaummasse rühren. Zitronenschale und Schokolade untermengen, das mit Backpulver versiebte Mehl abwechselnd mit dem Bier unter die Schaummasse rühren. Teig in eine befettete und bemehlte Gugelhupfform füllen und bei 175 °C 50 Minuten backen (Nadelprobe machen!).
Nach dem Backen stürzen, aber die Form nicht sofort abziehen, sondern ein feuchtes Tuch darauflegen und etwas warten (dann löst sich der Gugelhupf leichter aus der Form), vor dem Servieren nach Wunsch mit Staubzucker bestreuen.

In der Abtei Seitenstetten gibt es einige historische Rezepte für Germgugelhupfe, die den uns bekannten sehr ähnlich sind, aber auch „moderne" Varianten wie diesen Gugelhupf mit Backpulver.

PARMESAN-DUNSTGUGELHUPF

CA. 1 LITER

19. JH.

ZUTATEN 120 g Butter | 4 Dotter | Salz | 60 g geriebener Parmesan | 50 g Mehl | 3 Eiklar

ZUBEREITUNG Die Butter mit den Dottern sehr gut schaumig rühren, salzen, dann den geriebenen Parmesan und das Mehl unterrühren. Die Eiklar zu festem Schnee schlagen und diesen zum Schluss unter die Masse ziehen.
In einer sehr gut befetteten und bemehlten gut verschlossenen Dunstform ca. 1 Stunde im Wasserbad garen.

STARKBIER-GUGELHUPF

FISCH-DUNSTGUGELHUPF

CA. 1 LITER

20. JH.

ZUTATEN EINMACH 40 g Butter | 60 g glattes Mehl | 125 ml Milch | 1 Prise Salz | 1 TL Dillspitzen
FISCH 500 ml Wasser | Saft von ½ Zitrone | 1 Schuss Essig | Salz | einige Senfkörner | 1 Dillzweig | 1 Lorbeerblatt | 250 g Fischfilets
MASSE 3 Eier | 30 g Butter | 20 g Parmesan
SAUCE 30 g Öl | 30 g Mehl | 1 kleine Zwiebel, fein gehackt | 3 Sardellenfilets | Salz und Pfeffer | 1 Schuss Weißwein | Zitronensaft

ZUBEREITUNG Eine Einmach aus Butter und Mehl bereiten, mit der Milch aufgießen, Salz und Dillspitzen dazugeben, unter ständigem Rühren kurz aufkochen (soll eine breiige, fast schon teigartige Konsistenz haben; wenn die Einmach zu fest sein sollte – das hängt von der Mehlqualität ab –, etwas mehr Milch hinzufügen), auskühlen lassen.
500 ml Wasser mit Zitronensaft, Essig und Gewürzen aufkochen, von Gräten befreite Fischfilets darin ca. 5 Minuten garen, herausnehmen (Sud beiseitestellen), Fischfilets in kleine Stücke teilen und diese in einem Sieb abtropfen lassen.
Eier trennen, Eiklar zu steifem Schnee schlagen, 30 g Butter abtreiben, nach und nach Dotter und die Einmach einrühren, den geriebenen Parmesan dazugeben und den Schnee unterziehen.
Einen Dunstmodel sehr gut befetten, ein Drittel der Butter-Eiermasse in die Form geben, dann die Hälfte der abgetropften Fischstücke einschichten, das zweite Drittel der Masse darauf verteilen, die restlichen Fischstücke und zuletzt den Rest der Butter-Eiermasse einfüllen, Dunstmodel gut verschließen. Im Wasserbad 1 Stunde garen.
Für die Sauce eine lichte Einbrenn bereiten, dafür Öl erhitzen, Mehl darin hell anrösten, Zwiebel hinzufügen und mitrösten, mit ca. 300 ml vom Fischsud aufgießen und kurz unter ständigem Rühren köcheln lassen, die passierten Sardellen dazugeben, mit Salz, Pfeffer, Weißwein und Zitronensaft abschmecken.

WALLERGUGELHUPF MIT SPECK

20. JH.

ZUTATEN 150 g durchwachsenen Speck | 150 g Schalotten | 3 Knoblauchzehen | 200 ml Obers | 4 Eier | 600 g Wallerfilet (ohne Haut und Gräten) | 400 g in kleine Würfel geschnittenes Weißbrot | Salz und Pfeffer | 2 EL gehackte Petersilie | ca. 100 g Butter

ZUBEREITUNG In einer Pfanne den in feine Streifen geschnittenen Speck ohne Fett sehr knusprig braten. Fein gehackte Schalotten und Knoblauch dazugeben, kurz durchdünsten, mit dem Obers ablöschen und vom Herd nehmen.
Eier trennen, Eiklar zu steifem Schnee schlagen. Die in 1 cm große Würfel geschnittenen Wallerfilets mit den Dottern, den Brotwürfeln, Salz und Pfeffer und der Petersilie zur Speckmischung geben, gut vermischen, zuletzt den Eischnee unterziehen und durchrühren.
Die Masse in eine gut befettete und bemehlte Gugelhupfform füllen und die in Würfel geschnittene Butter auf der Oberfläche verteilen.
Im vorgeheizten Backofen bei 160 °C (Ober- und Unterhitze) auf mittlerer Schiene ca. 45 Minuten backen.

FISCH-DUNST-GUGELHUPF

Hof-küchen-Rezepte

GUTES AUS DER K.-U.-K.-HOFKÜCHE

Wir Österreicher, besonders jene im Osten unseres schönen Landes, können unsere große Geschichte und die damit verbundenen Erinnerungen nicht ganz aus unserem modernen Leben streichen. Irgendwie lebt der Geist des Vielvölkerstaates weiter, und mit Stolz halten wir auch an mancherlei Gebräuchen fest. In Bad Ischl wird am 18. August immer noch des Kaisers Geburtstag gefeiert, und zwar jener des legendären Kaisers Franz Joseph I., der von 1848 bis 1916 die Geschicke der Donaumonarchie leitete.

GUGELHUPFE FÜR DEN HOF UND SEINE BEDIENSTETEN

Alles was „vom Hof" kam, verlockte zum Nachahmen, und zahlreiche Geschichten werden nach wie vor tradiert. Die vielen Publikationen über „den alten Kaiser und seine schöne Sisi" zeugen davon. Das Interesse an der K.-u.-k.-Hof-Mundküche und der Speisen, die am Hof serviert wurden, gehört ebenfalls dazu. Gott sei Dank haben uns mehrere Hofköche Aufzeichnungen von Rezepten hinterlassen – mit Hinweisen, „wer von den Majestäten was gerne aß".

Es ist reichlich bekannt, dass Seine Majestät zum Frühstück liebend gern ein Stück Gugelhupf verspeiste. Hofkoch Friedrich Hampel hinterließ uns in seinem „Hand-Receptbuch für die Thee- und Mehlspeisküche", verfasst 1896, zwei Rezepte für Seine Majestät, eines für Erzherzog Ludwig Joseph und einen Wiener Gugelhupf für das Personal. Kaisergugelhupfe, die sich mehr oder weniger gleichen, finden sich in unzähligen Kochbüchern. Die Quellen allerdings kennt man nicht. Die von Hampel überlieferten Rezepte sind jedoch mit Sicherheit authentisch und bei Hofe serviert worden. In Bad Ischl, wo Franz Joseph in seiner Villa die Sommer verbrachte und im umgebenden Salzkammergut auf die Jagd ging, nahm der Frühaufsteher oft und gerne sein Gugelhupffrühstück bei seiner Vertrauten, Katharina von Schratt, ein. Ab 1889 verbrachte die „Gnädige Frau" ihre Sommer in der Villa Felicitas in Pfandl bei Bad Ischl. Ihr persönliches Rezept vertraute sie – als „Firmengeheimnis" – dem Besitzer der bekanntesten Konditorei in Ischl, „dem Zauner", an, mit dem Auftrag, ihr jeden Tag frühmorgens einen Gugelhupf frisch zu liefern, wenn sie diesen nicht selbst in ihrer Küche backen konnte. Es kursiert eine Unzahl von „Schratt-Gugelhupfen" in der zeitgenössischen und späteren Kochliteratur, aber von keinem dieser Rezepte kann man sagen, dass es das originale wäre.

Auch Ihre Majestät Kaiserin Elisabeth von Österreich (Sisi) ließ – trotz ihrer Magersucht – in ihrer Privatküche Mehlspeisen zubereiten. So hat der *Hofzuckerbäcker Gustav Seitz* am 28. August 1895 einen „Gugelhupf Ihrer Majestät" verschriftlicht, der authentisch ist. Er war der Lieblingszuckerbäcker der Kaiserin und begleitete sie auf all ihren Reisen. Seitz wusste ihre oft sehr schwierigen Essenswünsche zu verwirklichen. Aus der Hofküche gibt es außer jenem von Seitz noch weitere Rezepte, die ausschließlich für Ihre Majestät, die Kaiserin, zubereitet wurden.

Glücklicherweise gibt es in der österreichischen Kaiserfamilie ein „privates Kochbuch", das sich bis in unsere Tage erhalten hat. Erzherzogin Sophie, die Mutter Kaiser Franz Josephs I., hat in den 40er Jahren des 19. Jahrhunderts begonnen, diese Sammlung anzulegen. Das Buch mit den Lieblingsmehlspeisen der Kaiserfamilie wurde von Koch zu Koch weitergegeben und bis in die letzten Tage des Ersten Weltkrieges geführt. In der damals 70 Jahre alten schriftlichen Sammlung hatten sich insgesamt sieben Köche und Zuckerbäcker verewigt. Teile dieser Rezeptsammlung wurden von der Historikerin und Habsburg-Expertin Gabriele Praschl-Bichler in einem neuen Buch veröffentlicht. Die historischen Rezepte passte sie unserer Zeit an. Sie bestätigt auch die Fama, dass Kaiser Franz Joseph für Gugelhupf „sterblich" war.

STEINKOGLER GUGELHUPF
FÜR SEINE MAJESTÄT FRANZ JOSEPH I.

ENDE 19. JH.

ZUTATEN 30 g Germ | ca. 250 ml Milch | 100 g Zucker | 350 g Mehl | 150 g Butter | 6 Dotter | 1 Prise Salz | 2 Eiklar | geschälte Mandeln für die Form

ZUBEREITUNG Aus Germ, der Hälfte der Milch, 1 Löffel Zucker und 1 Löffel Mehl ein Dampfl ansetzen und gehen lassen.
Butter mit restlichem Zucker schaumig rühren, nach und nach Dotter zufügen, gut abtreiben und Mehl, Salz, restliche Milch sowie Dampfl zum Butter-Dotter-Gemisch geben, weiterschlagen, zuletzt den Eischnee zufügen und so lange abschlagen, bis der Teig Blasen wirft. Den Teig in eine befettete, bemehlte und mit Mandeln belegte Gugelhupfform füllen, gut gehen lassen und dann ca. 1 Stunde bei 170–180 °C backen.

Der Teig sollte eher weich sein!

GUGELHUPF SEINER MAJESTÄT
KAISER FRANZ JOSEPH I.

1896

ZUTATEN etwas Milch oder Obers | 30 g Germ | 250–300 g Mehl | 150 g Butter | 12 Dotter | 70 g Vanillezucker (selbst mit Vanilleschote angesetzter Staubzucker, siehe S. 16) | 1 Prise Salz

ZUBEREITUNG Dampfl wie oben beschrieben bereiten und gehen lassen, Butter und Vanillezucker schaumig rühren, nach und nach Dotter zufügen, restliche Milch (Obers), Mehl, Dampfl und Salz untermengen und gut abschlagen (Teig ist ziemlich flüssig), in eine gut befettete und bemehlte große Gugelhupfform füllen und gehen lassen, bis er an den Rand der Form reicht.
Im vorgeheizten Backofen bei 200 °C ca. 10 Minuten backen, dann Hitze reduzieren und bei 180 °C ca. 45 Minuten fertig backen (Nadelprobe machen!).

Dieser Gugelhupf aus der K.-u.-k.-Hofküche von Mundkoch Friedrich Hampel ist seidenweich und verträgt keine Rosinen! Die Fama sagt, dass Seine Majestät keine Rosinen schätzte. In einer späteren Ausgabe von Hampels Mehlspeisen-Kochbuch wurden aber Rosinen ins Rezept aufgenommen und auch das Rezept von Katharina Schratt enthält Rosinen.

SCHRATT-GUGELHUPF FÜR SEINE MAJESTÄT
VOM ZAUNER

NACH 1889

ZUTATEN 30 g Germ | 250 ml lauwarme Milch | 500 g glattes Mehl | 150 g Butter | 180 g Kristallzucker | 6 Dotter | 1 Prise Salz | abgeriebene Schale von einer Zitrone | 1 EL Zimt | 50 g Rosinen | gehobelte Mandeln für die Form | Butter zum Bestreichen

ZUBEREITUNG Die Germ in der lauwarmen Milch auflösen, mit einem Teil des Mehles zu einem Vorteig (Dampfl) abmischen, zum restlichen Mehl geben, warm stellen und 20 Minuten gehen lassen. Butter mit Kristallzucker gut schaumig rühren und dann die Dotter unterrühren, diese Mischung, Salz und Zitronenschale mit dem Dampfl und dem Mehl so lange zu einem eher weichen Teig abschlagen, bis er sich seidig anfühlt und vom Schüsselrand löst, zugedeckt ca. 30 Minuten gehen lassen. Auf einem bemehlten Nudelbrett zu einem Quadrat auswalken, mit Zimt und Rosinen bestreuen, einrollen.
Die Rolle in eine gut befettete und mit Mandeln ausgestreute Gugelhupfform legen, mit Butter bestreichen und bis knapp unter den Rand gehen lassen. Im vorgeheizten Backofen bei 180 °C – nur Unterhitze! – ca. 40 Minuten backen.

Die K.-u.-k.-Hofzuckerbäckerei Zauner in Bad Ischl buk diesen Gugelhupf für den Kaiser nach dem Rezept von Katharina Schratt. Kaiserin Elisabeth, Königin von Ungarn, liebte ihr Schloss in Gödöllő. Auch dort wurde ein Schratt-Gugelhupf gebacken, der bis auf die Anzahl der Eier ident ist mit jenem vom Zauner.

GUGELHUPF SEINER MAJESTÄT
AUF ANDERE ART

1896

ZUTATEN 360 g Butter | 12 ganze Eier | 500 g Mehl | Zucker nach Belieben | 1 Prise Salz | 1 P. Vanillezucker | 100 ml Obers | 50 g Germ | Rosinen nach Belieben

ZUBEREITUNG Weiche Butter gut rühren, nach und nach die Eier mit einem EL vom Mehl, dem Zucker und Salz sowie Vanillezucker beifügen, weiterrühren, zuletzt das restliche Mehl und die im lauwarmen Obers aufgelöste Germ einrühren. Zum Schluss die Rosinen unterrühren.

Dieses Rezept stammt aus der K.-u.-k.-Hofküche von Mundkoch Friedrich Hampel.

SCHRATT-GUGELHUPF FÜR SEINE MAJESTÄT

KUGELHUPF

NACH 1840

ZUTATEN 30 g Germ | 4 EL lauwarme Milch | 5 EL Zucker | 240 g Mehl | 105 g Butter | 6 Eier | 1 Prise Salz | abgeriebene Schale einer Bio-Zitrone

ZUBEREITUNG Germ in lauwarmer Milch auflösen, mit 2 EL Zucker und 120 g vom Mehl ein Dampfl ansetzen und gehen lassen, bis es Blasen wirft.
Die zimmerwarme Butter mit den Dottern, dem restlichen Zucker, einer Prise Salz und Zitronenschale gut schaumig rühren.
Dampfl unter das restliche Mehl mischen, mit dem Butterabtrieb vermengen und gut abschlagen, zuletzt die zu steifem Schnee geschlagenen Eiklar einarbeiten.
Den Teig 20 Minuten gehen lassen, zusammenschlagen und nochmals etwa 20 Minuten gehen lassen. In eine gut befettete und mit Mehl ausgestreute Gugelhupfform füllen und im vorgeheizten Backofen ca. 45 Minuten bei 180 °C backen.

Nach persönlichem Geschmack können Sie vor dem letzten Kneten des Teiges Rosinen, Mandeln und/oder Zitronat einkneten.

Das obige Rezept wurde – wie alle anderen Rezepte aus älteren Kochbüchern und Handschriften – von der Autorin transkribiert und an die heutige Zeit angepasst. Das Originalrezept vom Kugelhupf (siehe Rahmen im Rezeptbild rechts) stammt aus dem privaten handschriftlichen Kochbuch der österreichischen Kaiserfamilie.

GUGELHUPF FÜR ERZHERZOG LUDWIG JOSEPH

VON HOFMUNDKOCH FRIEDRICH HAMPEL

1898

ZUTATEN 250 g Butter | 4 Dotter | 6 ganze Eier | 500 g Mehl | 30 g Germ | ca. 125 ml Milch | Zucker nach Geschmack | 1 Prise Salz | „Geschmack" (z. B. Vanillezucker, Zitronenschale, Rum)

ZUBEREITUNG Butter mit den Dottern und ganzen Eiern gut schaumig rühren, nach und nach Mehl und in Milch aufgelöste Germ zufügen und gut abschlagen. Teig in einen Gugelhupfmodel füllen, gehen lassen und im vorgeheizten Backofen bei 180 °C ca. 45 Minuten backen (Nadelprobe machen!).

Originalrezept
(zwischen 1850 und 1875)

Kugelhupf

Aus 13 Loth gesiebtes Mehl, ½ Seidel lauwarme Milch und 2–3 Esslöffel gute Germ macht man in einer irdenen Schüssel einen kleinen Hefeansatz und stellt denselben an einen warmen Orte, mit einer erwärmten Serviette bedeckt, zum Aufgehen. Unterdessen rühre man 12 Loth leicht vergangener frischer Butter nach und nach mit 12 Eigelb, 4 Loth feinem Zucker, einer Prise feinem Salz und der abgeriebenen Schale einer Zitrone an einem lauwarmen Orte recht schaumig, nachdem diese Masse zu dem gehörig aufgegangen Ansatz gegeben, mische nochmals 15 Loth gesiebtes trockenes Mehl und zuletzt das zu festem Schnee geschlagene Eiweiss der 12 Eier bei, gib hierauf die Masse in eine mit Butter bestrichene, mit Mehl ausgestaubte Kugelhupfform, so daß diese halb voll wird, stelle das ganze zum Aufgehen an einen lauwarmen Ort, und nachdem der Teig dem Rande der Form gleich geworden ist, gebe man ihn in einen mittelheißen Backofen, laß ihn ungefähr 1 ¼ Stunden zu hübsch rotbrauner Farbe backen.

KUGELHUPF

GUGELHUPF IHRER MAJESTÄT
KAISERIN ELISABETH VON ÖSTERREICH

ENDE 19. JH.

ZUTATEN DAMPFL 40 g Germ | 2 TL Zucker | etwas Mehl | etwas Milch
TEIG 200 g Butter | 5 EL Zucker | 4 Dotter | 1 ganzes Ei |abgeriebene Schale von ½ Zitrone | 1 Prise Salz | 500 g Mehl | Rosinen nach Belieben

ZUBEREITUNG Ein Dampfl wie auf S. 29 beschrieben ansetzen und gehen lassen, Butter mit Zucker, Dottern und dem ganzen Ei schaumig rühren, dann Zitronenschale und Salz zufügen, Mehl und Dampfl unterrühren und zu einem glatten Teig verarbeiten, zuletzt die Rosinen einarbeiten.
Teig in eine gut befettete und mit Bröseln ausgestreute Form bis zur Hälfte füllen, gehen lassen und im vorgeheizten Backofen bei 180 °C ca. 45 Minuten backen (Nadelprobe machen!).

Das obenstehende Gugelhupfrezept stammt aus der Rezeptsammlung der Separatküche für Ihre Majestät: „Tafeln mit Sisi" von Ingrid Haslinger, 1998, das untenstehende Rezept stammt von Hofzuckerbäcker Gustav Seitz.

GUGELHUPF IHRER MAJESTÄT
AUF ANDERE ART

1895

ZUTATEN 30 g Germ | ca. 125 ml lauwarme Milch | 30 g Zucker | 280 g Mehl | 140 g Butter | 5 Dotter | 1 ganzes Ei

ZUBEREITUNG Aus allen Zutaten wie auf S. 29 beschrieben einen abgeschlagenen Germteig zubereiten, diesen gehen lassen, zusammenschlagen, in eine gut befettete, mit Bröseln ausgestreute Gugelhupfform füllen, nochmals gehen lassen und im vorgeheizten Backofen bei 180 °C ca. 45 Minuten backen (Nadelprobe machen!).

GUGELHUPF IHRER MAJESTÄT
KAISERIN ELISABETH
VON ÖSTERREICH

FEINER GUGELHUPF
IHRER MAJESTÄT KAISERIN ELISABETH VON ÖSTERREICH

ENDE 19. JH.

ZUTATEN 60 g Germ | etwas Milch | 60 g Zucker | 560 g Mehl | 280 g Butter | 10 Dotter | 2 ganze Eier

ZUBEREITUNG Aus allen Zutaten wie auf S. 29 beschrieben einen abgeschlagenen Germteig zubereiten, diesen gehen lassen, dann zusammenschlagen und den Teig in eine gut befettete und mit Mehl bestreute Gugelhupfform füllen, nochmals gehen lassen und im vorgeheizten Backofen bei 180 °C ca. 45 Minuten backen (Nadelprobe machen!).

Der feine Gugelhupf aus der Rezeptsammlung der Separatküche für Ihre Majestät ist dem Buch „Tafeln mit Sisi" von Ingrid Haslinger, 1998, entnommen.

RAHM-DUNSTGUGELHUPF
AUS DER SEPERATKÜCHE FÜR IHRE MAJESTÄT

CA. 700 ML

19. JH.

ZUTATEN 250 ml Sauerrahm | 4 Dotter | 70 g Mehl | etwas Salz | 4 Eiklar

ZUBEREITUNG Den Rahm sehr gut mit den Dottern, Mehl und Salz verrühren, Eiklar zu festem Schnee schlagen, diesen zuletzt unterziehen und die Masse in die sehr gut befettete und bemehlte Dunstkochform füllen, mit dem Deckel verschließen und die Form in ein Wasserbad stellen, 45 Minuten im Wasserbad garen.

Vorsichtig aus der Form stürzen und mit Gemüse und eventuell Schinken servieren oder als Beilage reichen.

Der Rahm-Dunstgugelhupf wurde nicht nur für Ihre Majestät Kaiserin Elisabeth, sondern nachweislich in ähnlicher Art auch in der Separatküche Kaiser Franz Josephs zubereitet und „Soufflée Territet" genannt (im Wasserbad gegart).

KAISER-MANDEL-DUNSTKOCH
AUS DER „HÄUSLICHEN ZUCKERBÄCKEREI" IN GÖDÖLLŐ/UNGARN

CA. 1 LITER — 1830

ZUTATEN Saft einer Orange | 140 g geschälte, feingeriebene Mandeln | 6 Eier | 1 Prise Salz | 140 g Zucker | abgeriebene Schale von 4 Bio-Zitronen

ZUBEREITUNG Den Orangensaft zu den geriebenen Mandeln geben und etwas ziehen lassen. Eier trennen, Eiklar mit Salz zu festem Schnee schlagen. Dotter mit Zucker schaumig rühren, abgeriebene Zitronenschale und Mandeln zugeben, zuletzt den festen Schnee unterziehen.

Statt mit Orangensaft können die Mandeln auch mit einem Stamperl (2 cl) österreichischem Rum (38 %) befeuchtet werden. Das Dunstkoch mit Schlagobers oder Likörcreme servieren.

MARONI-DUNSTGUGELHUPF

CA. 700 ML — 19. JH.

ZUTATEN 60 g Butter | 5 Dotter | 140 g gekochte, passierte Maroni (oder gebratene, geriebene Maroni) | 100 g Zucker | abgeriebene Schale einer Bio-Zitrone | 70 g geschälte Mandeln, fein gerieben | 2 Eiklar

ZUBEREITUNG Die weiche Butter mit den Dottern abtreiben, dann Maroni, Zucker und Zitronenschale sowie die Mandeln zufügen, gut abrühren und zuletzt den festen Schnee von 2 Eiklar unterziehen. In einem sehr gut befetteten und bemehlten Dunstmodel füllen, diesen verschließen und im Wasserbad ca. 45 Minuten garen.

Mit gekochtem Orangensaft (Saft von zwei Orangen und einer Zitrone mit 100 g Zucker aufkochen) oder Schlagobers servieren.

Beim Maroni-Dunstgugelhupf handelt es sich um ein Rezept aus „Die Süddeutsche Küche für Anfängerinnen und praktische Köchinnen", zusammengestellt von Katharina Prato (Edle von Scheiger), Graz und Wien, 1875

DUNSTKOCHE & DESSERTS

Besonders beliebt waren am Hof – ebenso wie in den Klosterküchen und anderen feinen Haushalten – die schon erwähnten, im Wasserbad gegarten, puddingartigen Gugelhupfe, die meist „Dunstkoch" genannt wurden.

Zusätzlich finden Sie in diesem Kapitel einige Rezepte aus neuerer Zeit für Eis- oder Parfait-Gugelhupfe sowie „gesulzte" Gugelhupfe. Letztere werden mit Gelatine zubereitet und kalt serviert.

IM DUNST GEGARTE GUGELHUPFE – PIKANT UND SÜSS

Heute sind diese fast unbekannt – zumindest werden sie heute ganz selten zubereitet. Doch seit der Barockzeit kamen die „Dunstkoch" oder „Pudding" genannten Köstlichkeiten häufig auf die Tafel. Sie sind jedoch nicht zu verwechseln mit jener Speise, die man heute „Pudding" nennt und die mit Milch und Stärke zubereitet wird. Es lohnt sich, diese alte kulinarische Tradition wieder zu beleben und damit völlig neue Akzente in die moderne Kochkunst zu bringen. Lob und Anerkennung in Familie und bei Gästen wird Ihr Lohn sein, ganz abgesehen von der optischen Wirkung und dem Aha-Erlebnis, wenn ein Gast zum ersten Mal ein Dunstkoch serviert bekommt und genießen kann.

Was die Ingredienzien für Dunstkoche betrifft, sind der Phantasie keine Grenzen gesetzt. Im Dunst gegarte Gugelhupfe können pikant oder süß sein. Die pikante Art kann als Vorspeise, Zuspeise oder Hauptspeise dienen und stellt eine wahre Abwechslung dar, die süßen Variationen sind feine, köstliche Desserts.

Zu den pikanten Dunstkochen ist noch zu erwähnen: Meist ist einer ihrer „Grundbestandteile" eine Einmach, die mit Milch aufgegossen wird. Jedoch ist der Mehlanteil im Verhältnis zur Flüssigkeit relativ hoch, die Einmach für Dunstkoche hat eine dicke, fast schon „puddingartige" Konsistenz.

WAS BRAUCHT MAN FÜR EIN „DUNSTKOCH"?

Um einen in Dunst gegarten Gugelhupf zubereiten zu können, brauchen Sie einen „Dunstmodel". Dabei handelt es sich um eine Gugelhupfform aus Metall mit Deckel. Dunstmodel gibt es in verschiedenen Größen in gut sortierten Haushaltswarengeschäften, auf Flohmärkten oder online zu kaufen.

ACHTUNG! Achten Sie darauf, dass der Kamin im Inneren geschlossen ist, also kein Loch hat (wie es bei normalen Gugelhupfformen meist der Fall ist). Denn in diesem Fall kann beim Garen Wasser in die Form eindringen.

DUNSTKOCHMODEL

Heutige Dunstkochmodel bestehen meist aus Edelstahl, Aluminium oder sind antihaftbeschichtete Formen. Wie bei den Gugelhupfformen gibt es auch bei den Dunstmodeln verschiedene Größen, die von einem Fassungsvermögen von 150 ml bis zu 2,5 Liter reichen. Am gängigsten sind Größen mit einem Durchmesser von ca. 15 cm und einem Fassungsvermögen von ca. 1,3 Litern (siehe auch Größentabelle auf S. 14).

Beachten Sie, dass die Dunstkoch-Massen gut aufgehen, daher dürfen Sie die Form nie ganz voll füllen (max. ¾-voll). Wenn die Form zu voll ist, kann sich der Deckel heben und die Masse überquellen. Daher ist es besser, eine zu große als zu kleine Form zu verwenden.

Für die meisten der nachfolgenden Rezepte benötigt man einen Model mit einem Fassungsvermögen von mindestens 1 Liter, einige Rezepte sind aber auch für einen kleineren Model oder für Mini-Gugelhupfförmchen gedacht. Diese werden beim Garen nicht zugedeckt, was beim Rezept vermerkt ist.

Wenn Sie also einen Dunstkochmodel mit 15 cm Durchmesser haben, können Sie diesen für fast alle Rezepte im Buch verwenden (auch für kleinere Massen; denn wie schon erwähnt, soll der Dunstkochmodel eher zu groß und auf keinen Fall zu klein für die Masse sein).

DUNSTKOCHMODEL IN VERSCHIEDENEN GRÖSSEN, HINTEN EIN MODEL AUS DEM JAHR 1960 VON DER FA. MATAUSCHEK (WIEN), VORNE 2 ÄLTERE MODEL

Sehr wichtig ist, den Dunstmodel vor dem Befüllen mit der Masse gründlich und ausreichend mit flüssiger Butter zu befetten. Am besten schmelzen Sie dafür ausreichend Butter, gießen diese in den Model und schwenken den Model, sodass jede Rille und der gesamte Model bis oben zum Rand mit Butter benetzt wird, die restliche Butter gießen Sie ab. Danach streuen Sie reichlich feine Brösel oder griffiges Mehl in den Model und schwenken diesen neuerlich, damit überall Brösel haften (oder Mehl). Vergessen Sie nicht, auch den Deckel gut zu befetten und zu bebröseln (bzw. zu bemehlen), nicht nur den Model!

KLASSISCHER DUNSTMODEL MIT DECKEL AUS ROSTFREIEM METALL

Dunstmodel sind immer aus Metall, im Idealfall aus verzinktem Blech. Dunstmodel aus Aluminium sind vom Gewicht her sehr leicht. Je nach Kochgut, das gegart wird, empfiehlt es sich, während des Kochens ein Gewicht oder einen Stein auf den Deckel zu legen, damit die Form nicht vom Auftrieb des wallenden Wassers umgeworfen wird.

Wenn der Teig schwerer (kompakt, nicht dünnflüssig) ist, kann dieser auch in einer normalen Gugelhupfform aus Metall (Kunststoff oder Keramik eignen sich nicht, weil diese die Wärme schlechter leiten) im Backofen im Wasserbad mit einer Folie bedeckt gegart werden. In diesem Falle darf die Form aber nicht zu groß und zu weit sein.

GAREN IM WASSERBAD

Es gibt zwei Möglichkeiten, wie Dunstkoche gegart werden können: Am Herd in einem größeren Topf; dafür wird kochendes Wasser in den Topf gefüllt (ungefähr bis zur Hälfte der Höhe des Dunstkochmodels), der Topf wird zugedeckt und das Dunstkoch gart im leicht wallenden Wasser.

Alternativ können Dunstkoche im Wasserbad im Backofen gegart werden; dafür wird eine Auflaufform oder eine andere backofengeeignete Form mit kochendem Wasser befüllt (zumindest bis zu einem Drittel der Höhe des Gefäßes sollte dieses im Wasser stehen). Der befüllte und verschlossene Dunstkochmodel wird in das Wasser gestellt und im vorgeheizten Backofen bei 180 °C gegart.

Ich gare die echten Dunstkoche immer auf dem Herd in einem großen Topf im Wasserbad, ich empfehle daher diese Zubereitungsweise!

STÜRZEN

Nach der Garzeit den Dunstmodel aus dem Wasserbad nehmen und den Deckel öffnen (VORSICHT! Sehr heiß!). Das Dunstkoch vorsichtig mit einem langen, spitzen Messer vom Rand lösen. Einen Teller, auf dem das Dunstkoch angerichtet werden soll, mit der Oberseite auf den Dunstmodel legen, mit einer Hand den Teller halten, mit der anderen den Model, dann beides schwungvoll umdrehen und das Dunstkoch so stürzen, eventuell etwas schütteln.

Natürlich kann es manchmal passieren, dass trotz guten Befettens und Bemehlens ein Stück in der Form haften bleibt. Und ja, das Dunstkoch sieht dann nicht perfekt aus, aber das ist kein Drama – der köstliche Geschmack macht ein solches Missgeschick wett! Versuchen Sie es wieder – wie für alles im Leben gilt auch für das Gugelhupfbacken und speziell für die Zubereitung von Dunstkochen: Übung macht den Meister!

Bei den Dunstkoch-Rezepten ist es schwer, eine Jahreszahl anzugeben, zumal diese wie erwähnt ja schon ab dem Barock auf die Tafel kamen und dann im Laufe der Jahrhunderte viele Rezepte abgewandelt oder weitere Variationen mit neuen Ingredienzien erfunden wurden – je nachdem, was der Markt gerade hergab.

KARTOFFEL-DUNSTGUGELHUPF
(GEKOCHTER ERDÄPFELPUDDING)

CA. 1,5 LITER

20. JH.

ZUTATEN 350 g mehlige Kartoffeln | 100 g Butter | 4 Eier | 125 ml Sauerrahm | Salz und Pfeffer | 1 Prise geriebene Muskatnuss | 300 g fein gehacktes Selchfleisch oder Schinken | 30 g Semmelbrösel

ZUBEREITUNG Kartoffeln weich kochen, schälen und passieren. Butter mit Eiern flaumig abtreiben, dann Kartoffeln und Sauerrahm zufügen, würzen, Selchfleisch und Brösel einrühren. Die Masse in einen gut befetteten und mit Bröseln ausgestreuten Dunstmodel füllen, mit dem Deckel verschließen und im Wasserbad 45 Minuten garen, danach Deckel öffnen und den Pudding vorsichtig lösen und anschließend stürzen.

ACHTUNG – Sie brauchen unbedingt mehlige Erdäpfel für dieses Gericht! Mit brauner Butter beträufeln und mit Salaten, Spinat oder anderem Gemüse servieren.

SEHR FEINER
SPARGEL-DUNSTGUGELHUPF

CA. 1 LITER

21. JH.

ZUTATEN 500 g weißer oder grüner Spargel | 5 Eier | 100 g Butter | ca. 150–200 g Mehl | Salz und Pfeffer | 2 EL fein gehackter Schinken | etwas Milch

ZUBEREITUNG Spargel schälen, in erbsengroße Stückchen schneiden und in Salzwasser 1–2 Minuten blanchieren. Eier trennen, Eiklar zu steifem Schnee schlagen, Butter mit Dottern schaumig rühren. Mehl, Salz und Pfeffer dazugeben, gut verrühren, bis die Masse glatt ist, gekochten Spargel und Schinken zufügen und je nach Bedarf etwas Milch, damit ein weicher Teig entsteht. Zuletzt den Eischnee unterziehen. Die Masse in eine sehr gute befettete und bemehlte Dunstform füllen, gut verschließen und im Wasserbad ca. 1 Stunde garen.

Den fertigen Gugelhupf mit zerlassener Butter begießen. Bei diesem Rezept handelt es sich um ein abgewandeltes traditionelles Gemüse-Dunstkoch.

KARTOFFEL-DUNSTGUGELHUPF

GEMÜSE-DUNSTKOCH

CA. 1 LITER

19. JH.

ZUTATEN EINMACH 40 g Butter | 40 g Mehl | 125 ml Milch | Salz und Pfeffer | geriebene Muskatnuss
MASSE 3 Eier | ca. 400 g beliebiges gekochtes Gemüse, bei Bedarf klein geschnitten (z. B. Karfiol, Pilze, Erbsen, Karotten, Kohlsprossen, grüne Fisolen …) | etwas geriebener Parmesan | ca. 100 g geriebener Käse | ca. 2 EL braune Butter (siehe Rahmen rechts im Rezeptbild)

ZUBEREITUNG Für die Einmach Butter erhitzen, Mehl darin hell anschwitzen, mit der kalten Milch aufgießen, glatt rühren, mit Salz, Pfeffer und Muskatnuss würzen und unter ständigem Rühren 2–3 Minuten garen (die Konsistenz ist wie ein dicker Brei, fast puddingartig), danach auskühlen lassen.
Eier trennen, Eiklar zu steifem Schnee schlagen. Dotter, das vorbereitete Gemüse und den Parmesan mit der ausgekühlten Einmach vermengen. Zuletzt den Schnee unterziehen.
Masse in den sehr gut befetteten und mit Bröseln ausgestreuten Dunstmodel füllen, gut verschließen und 1 Stunde im Wasserbad auf dem Herd kochen.
Den gestürzten Dunstgugelhupf mit geriebenem Käse bestreuen und mit brauner Butter begießen.

Dieses Dunstkoch reicht als Beilage für 4–6 Personen.

DUNSTGUGELHUPF MIT FRISCHEM BRIMSEN
ODER SCHAFSKÄSE

CA. 700 ML

UM 1980

ZUTATEN 4 Eier | 70 g Butter | 100 g Brimsen* oder Schafskäse | 50 g Grieß | 1 EL fein geschnittener Schnittlauch oder Petersilie | bei Bedarf etwas Salz und Pfeffer

ZUBEREITUNG Eier trennen, Eiklar zu steifem Schnee schlagen. Butter mit den Dottern abtreiben, dann den Brimsen oder zerdrückten Schafskäse dazugeben und so lange rühren, bis die Masse glatt ist. Dann den Eischnee unterheben, zuletzt den Grieß und den Schnittlauch bzw. die Petersilie untermengen und würzen.
In einen gut befetteten und bemehlten Dunstmodel füllen, gut verschließen und im Wasserbad ca. 1 Stunde garen.

* Brimsen ist ein slowakischer Schafskäse, ähnlich wie Topfen in der Konsistenz, aber sehr gesalzen und mit dem typischen Schafskäsegeschmack. Brimsen ist auch die Grundsubstanz für viele in Ostösterreich gern gegessene Aufstriche, wie zum Beispiel Liptauer.

GEMÜSE-DUNSTKOCH

Wissenswert

Rezept für braune Butte

Braune Butter (auch Nussbutter) kann man einfach selbst zubereiten (auch auf Vorrat): Butter stark erhitzen und schmelzen, oben bildet sich Schaum, bei reduzierter Hitze so lange köcheln, bis der Schaum sich auf den Boden absetzt, die Butter karamellisiert, goldbraun wird und einen nussigen Geschmack bekommt, dann durch ein mit Küchenpapier ausgelegtes Sieb in ein sauberes, verschließbares Glas gießen (im Kühlschrank bis zu 6 Wochen haltbar).

POLENTA-DUNSTGUGELHUPF
MIT PARADEISMARK

CA. 1 LITER

21. JH.

ZUTATEN 100 g Maismehl | 40 g Butter | 2 Eier | 100 g Paradeismark | Salz und Pfeffer | 40 g geriebener Parmesan

ZUBEREITUNG Das Maismehl mit 250 ml kaltem Wasser glatt verrühren. Die Masse in 250 ml kochendes Wasser geben und unter stetem Rühren dick einkochen, vom Herd nehmen und mit 40 g Butter verrühren, auskühlen lassen.
Eier trennen, Eiklar zu steifem Schnee schlagen, wenn das Koch kalt ist, Paradeismark, Salz, Pfeffer, Parmesan und Dotter hinzufügen, gut verrühren, zuletzt Schnee unterziehen.
Die Masse in eine sehr gut befettete und mit Maismehl ausgestreute Dunstform füllen, gut verschließen und 1 Stunde im Wasserbad garen. Vor dem Servieren mit Parmesan bestreuen.

Es handelt sich beim obigen Rezept um die zeitgemäß abgewandelte Version eines traditionellen Grieß-Dunstkochs. Das untenstehende Rezept hingegen stammt aus einem bürgerlichen Wiener Haushalt.

FLEISCH-DUNSTGUGELHUPF

CA. 1 LITER

19. JH.

ZUTATEN 80 g Semmeln (ohne Rinde) | 250 ml Milch | 350 g rohes Faschiertes vom Kalb oder Rind | 60 g Butter | 4 Eier | 100 g durchzogener Speck, in kleine Würfel geschnitten | Salz und Pfeffer | 1 TL Majoran | 1 Dotter

ZUBEREITUNG Fein geschnittene Semmeln mit der Hälfte der Milch benetzen und in einem Topf unter Rühren erhitzen, bis ein dickflüssiger Brei entsteht, auskühlen lassen.
Fleisch nochmals kurz cuttern, Butter und 2 ganze Eier sowie Speck zugeben, kurz durchmixen, dann Semmelmasse hinzufügen, mit Salz, Pfeffer und Majoran abschmecken und nochmals im Mixer mit den restlichen 2 Eiern, dem Dotter und der restlichen Milch vermischen.
In eine sehr gut befettete und mit Mehl ausgestreute Dunstform füllen, gut verschließen und im Wasserbad 1 Stunde garen.

Das Gericht wird als Hauptspeise mit Gemüse, z. B. mit Spinat oder Fisolen und mit Paradeissauce serviert.

POLENTA-DUNSTGUGELHUPF MIT PARADEISMARK

RAGOUT-DUNSTGUGELHUPF

CA. 1,5 LITER

UM 1969

ZUTATEN EINMACH 60 g Butter | 60 g Mehl | 190 ml Milch | Salz und Pfeffer | etwas geriebene Muskatnuss
MASSE 7 Eier | 200 g Hühnerleber, geputzt und klein geschnitten | Butter zum Anbraten | 500 g gemischtes Gemüse der Saison, in mundgerechte Stücke geschnitten und bissfest gekocht (z. B. Erbsen, Fisolen, Champignons, Spargel, Karotten etc.) | 50 g geriebener Parmesan zum Bestreuen

ZUBEREITUNG Aus Butter, Mehl und Milch eine dickflüssige, breiartige Einmach kochen (siehe S. 88), salzen, pfeffern und mit Muskatnuss abschmecken. Eier trennen, Eiklar zu steifem Schnee schlagen. Die Leber kurz in Butter anbraten, dann mit der Einmach, den Dottern und dem Gemüse gut vermischen. Den Schnee unter die Masse ziehen. In eine sehr gut befettete und mit Bröseln ausgestreute Dunstgugelhupfform füllen, gut verschließen und im Backofen bei 180 °C im Wasserbad ca. 1 Stunde garen.
Auf einen Teller stürzen, reichlich mit Parmesan bestreuen und – wenn gewünscht – braune Butter dazu servieren.

Die meisten Dunstkoche bereite ich auf dem Herd in einem Wasserbad im Topf zu, dieses hier jedoch gare ich im Backofen, es gelingt so meiner Erfahrung nach perfekt. Diese sehr elegante Vorspeise reicht für 8 Personen; Sie können den Ragout-Dunstgugelhupf jedoch auch als kleine Hauptspeise für 3–4 Personen servieren.

Das obige Rezept ist ein herkömmliches Familienrezept aus dem Buch „Vom Karpfen bis zur Sachertorte" von L. L. L., 225 Spezialitäten aus Alt-Österreich-Ungarns berühmter Küche, Klagenfurt 1969.

LEBER-DUNSTGUGELHUPF

CA. 1,5 LITER

19. JH.

ZUTATEN ½ fein gehackte Zwiebel | fein gehackte Petersilie | Butter zum Anrösten | 600 g Kalbsleber, geschabt und fein geschnitten | 160 g Semmeln, fein geschnitten und mit Milch benetzt | 1 Msp. Majoran | 4 Eier | 100 g Butter | 1 Prise Salz | 250 ml weiße Semmelbrösel

ZUBEREITUNG Zwiebel und Petersilie in Butter leicht anrösten. Leber und befeuchtete Semmeln mit der Zwiebel-Petersilien-Mischung und Majoran kurz mixen (cuttern) und durch ein Sieb passieren.
Eier trennen, Eiklar zu steifem Schnee schlagen, Butter mit Dottern und Salz abtreiben, mit der Lebermasse verrühren. Schnee und Semmelbrösel untermengen und in eine sehr gut befettete und bemehlte Dunstform füllen, gut verschließen und 1 Stunde im Wasserbad garen.

Beim Leber-Dunstgugelhupf handelt es sich um ein Rezept von Louise Selskowitz, Wirtschafterin des Stiftes Schotten zu Wien.

RAGOUT-DUNST-GUGELHUPF

KRABBEN-DUNSTGUGELHUPF

CA. 1,5 LITER — 21. JH.

ZUTATEN 300 g Krabben (auch tiefgekühlt, die größere Tiefseesorte) | 4 Eier | 70 g Butter | 120 g Semmelbrösel | ca. 100 ml Obers zum Anfeuchten der Brösel | Salz und Pfeffer | 250 g TK-Erbsen | 50 g Parmesan

ZUBEREITUNG Auf den Boden (in die Rillen) eines sehr gut befetteten, mit Mehl bestreuten Dunstmodels einen Kranz von ganzen Krabben legen.
Restliche Krabben in nicht zu kleine Stückchen schneiden. Eier trennen, Eiklar zu steifem Schnee schlagen. Butter mit Dottern gut abtreiben, die in Obers eingeweichten Brösel zufügen, würzen, Erbsen und Krabben sowie Parmesan unterrühren. Zuletzt den Schnee unterziehen, Masse in die vorbereitete Dunstform füllen und im Backofen im Wasserbad bei 180 °C ca. 45 Minuten garen. Nach dem Stürzen heiß servieren.

Eignet sich sehr gut als Vorspeise mit einer kleinen Salatauswahl. Statt der Krabben können Sie auch ausgelöste Flusskrebsschwänze oder Shrimps verwenden.

CHAMPIGNON-DUNSTGUGELHUPF

CA. 1,5-2 LITER — 19. JH.

ZUTATEN BECHAMEL 50 g Mehl | 80 g Butter | 500 ml Milch | Salz | Pfeffer | 1 Prise Muskatnuss
MASSE 500 g Champignons, in feine Scheiben geschnitten | 1 kleine Zwiebel, fein geschnitten | 1 EL Butter | fein gehackte Petersilie | 9 Eier | 1 Prise Salz und Pfeffer

ZUBEREITUNG Mehl in der Butter hell anschwitzen lassen, dann mit kalter Milch aufgießen, würzen, unter ständigem Rühren einige Minuten köcheln, dann auskühlen lassen.
Champignons mit Zwiebeln in Butter dünsten, bis keine Flüssigkeit mehr austritt, Petersilie untermengen. Eier trennen, Eiklar zu festem Schnee schlagen. Die gedünsteten Champignons mit der Bechamel und den Dottern verrühren, mit Salz und Pfeffer würzen. Eischnee unter die Masse ziehen.
In einen sehr gut befetteten und mit Bröseln ausgestreuten Dunstmodel füllen, gut verschließen und im Wasserbad bei 180 °C ca. 1 Stunde garen.

Die Masse dieses Gerichtes können Sie auch in einzelne kleine Gugelhupfförmchen füllen, im Wasserbad garen und mit Salaten hübsch als Vorspeise anrichten.

KRABBEN-DUNST-GUGELHUPF

THUNFISCH-GUGELHÜPFCHEN
(GESULZT)

—— CA. 12-15 MINI-GUGELHUPFFÖRMCHEN —— 20. JH.

ZUTATEN 400 g abgetropften weißen Thunfisch (aus Glas oder Dose) | 250 ml Obers | 4 EL Joghurt oder Mayonnaise | 2 EL Zitronensaft | 100 g süßsaure, geraspelte Essiggurken | 6 Blatt Gelatine | Salz und Pfeffer

ZUBEREITUNG Thunfisch mit einer Gabel in kleine Stücke teilen. Obers cremig schlagen, Joghurt oder Mayonnaise und Zitronensaft zufügen, Fisch und geraspelte Gurken unterrühren. Die ca. 4 Minuten in kaltem Wasser eingeweichte, gut ausgedrückte Gelatine in 1 EL heißem Wasser in einer kleinen Schüssel auflösen und gut unter die Thunfischmasse rühren. Mit Salz und Pfeffer abschmecken.
Kleine Gugelhupfförmchen (Metall oder Silikon) kalt ausspülen und die Masse einfüllen, im Kühlschrank einige Stunden fest werden lassen.

Diese kleinen Gugelhüpfchen sind angerichtet mit etwas grünem Salat und Rucola eine gut vorzubereitende und gefällige Vorspeise.

BROKKOLI-DUNSTGUGELHUPF

CA. 700 ML —— 20. JH.

ZUTATEN 50 g Butter | 2 Dotter | 1 ganzes Ei | Salz und Pfeffer | 1 Prise geriebene Muskatnuss | 1 EL Semmelbrösel | 1 in Milch eingeweichte Semmel | 150 g gekochter, passierter Brokkoli | 2 Eiklar

ZUBEREITUNG Die weiche Butter mit den Dottern und dem ganzen Ei schaumig rühren, würzen, die Brösel, die eingeweichte Semmel und Brokkoli daruntermischen. Zuletzt die zu steifem Schnee geschlagenen Eiklar unterziehen und die Masse in eine gut befettete und mit Bröseln ausgestreute Dunstform füllen, verschließen und im Wasserbad ca. 1 Stunde garen.

THUNFISCH-GUGELHPÜPFCHEN

„MOHR IM HEMD“
(„OTHELLO IN CAMICA“)

CA. 1 LITER 19. JH.

ZUTATEN 5 Eier | 120 g Butter | 100 g Staubzucker | 1 Prise Salz | 100 g geriebene Mandeln | 100 g geriebene Schokolade

ZUBEREITUNG Eier trennen, Eiklar zu steifem Schnee schlagen. Butter, Dotter, Zucker und Salz gut schaumig schlagen, dann Mandeln und Schokolade dazugeben, zuletzt vorsichtig Eischnee unterziehen. Einen Dunstmodel sehr gut mit Butter ausstreichen und mit Kristallzucker ausstreuen, Masse einfüllen, Dunstmodel schließen und im Wasserbad in einem großen Topf am Herd 1 Stunde garen. Nach dem Stürzen sofort servieren.

Mein Familienrezept vom „Mohr im Hemd“ ist in Anlehnung an ein Rezept von Olga Hess (aus „Wiener Küche“, Wien 1912) entstanden. Sie können in die Mitte des „Mohrs“ in Cognac getauchte Würfelzuckerstücke geben und diese anzünden, wenn er zu Tisch getragen wird. In jedem Falle sollten Sie ungezuckertes Schlagobers dazu reichen!

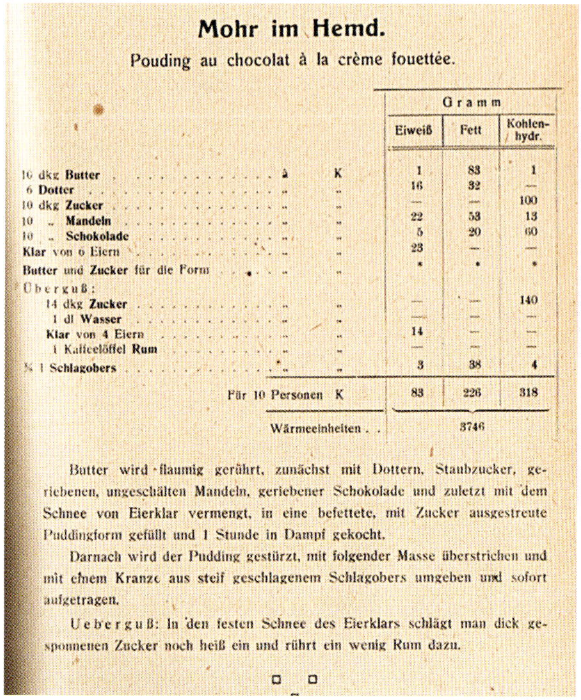

Mohr im Hemd.

Pouding au chocolat à la crème fouettée.

			Gramm		
			Eiweiß	Fett	Kohlenhydr.
10 dkg **Butter**	à	K	1	83	1
6 **Dotter**	„	„	16	32	—
10 dkg **Zucker**	„	„	—	—	100
10 „ **Mandeln**	„	„	22	53	13
10 „ **Schokolade**	„	„	5	20	60
Klar von 6 Eiern	„	„	23	—	—
Butter und **Zucker** für die Form	„	„	*	*	*
Oberguß:					
14 dkg **Zucker**	„	„	—	—	140
1 dl **Wasser**	„	„	—	—	—
Klar von 4 Eiern	„	„	14	—	—
1 Kaffeelöffel **Rum**	„	„	—	—	—
⅛ l **Schlagobers**	„	„	3	38	4
Für 10 Personen		K	83	226	318
Wärmeeinheiten . .				3746	

Butter wird flaumig gerührt, zunächst mit Dottern, Staubzucker, geriebenen, ungeschälten Mandeln, geriebener Schokolade und zuletzt mit dem Schnee von Eierklar vermengt, in eine befettete, mit Zucker ausgestreute Puddingform gefüllt und 1 Stunde in Dampf gekocht.

Darnach wird der Pudding gestürzt, mit folgender Masse überstrichen und mit einem Kranze aus steif geschlagenem Schlagobers umgeben und sofort aufgetragen.

Ueberguß: In den festen Schnee des Eierklars schlägt man dick gesponnenen Zucker noch heiß ein und rührt ein wenig Rum dazu.

BAUMWOLL-DUNSTKOCH

CA. 1 LITER 19. JH.

ZUTATEN 140 g Butter | 140 g Zucker | 8 Dotter | Saft und abgeriebene Schale von ½ Bio-Zitrone | 1 EL Stärkemehl | 4 Eiklar

ZUBEREITUNG Die zimmerwarme Butter mit dem Zucker und den nach und nach zugefügten Dottern gut schaumig rühren, Saft und Schale der Zitrone und Stärkemehl zufügen, zuletzt die zu steifem Schnee geschlagenen Eiklar unterziehen und in eine sehr gut mit Butter ausgestrichene und mit Mehl ausgestreute Dunstform füllen, diese verschließen, 1 Stunde im Wasserbad garen.

Rezepte für „Baumwollkoch“ oder „Baumwoll-Dunstkoch“ findet man in fast allen Kochbüchern des 19. und frühen 20. Jahrhunderts.

Eine Berühmtheit der Wiener Küche

Der „Mohr im Hemd“ ist ein im Dunst (Wasserbad) gekochter Schokoladenpudding und gilt als das fast berühmteste warme Dessert der Wiener Küche. Er wird in vielen Variationen zubereitet, heute wird man in der Gastronomie in den meisten Fällen bereits vorgegarte und dann erwärmte Versionen finden. Manchmal werden Brösel oder gar Mehl hinzugefügt – das gleicht dann einem warmen Schokoladenkuchen, aber keinem „Mohr im Hemd“. Und niemals sind solche Variationen so locker und feinschmeckend wie das Rezept auf der gegenüberliegenden Seite.

„MOHR IM HEMD“

KLEINE WARME
GRIESS-GUGELHÜPFCHEN

— FÜR CA. 8-10 MINI-GUGELHUPFFÖRMCHEN — 19. JH.

ZUTATEN 375 ml Milch | 40 g Butter | 1 P. Vanillezucker | 1 Prise Salz | 80 g Grieß | 5 Eier | 10 g Staubzucker | 40 g Kristallzucker

ZUBEREITUNG Milch, Butter, Vanillezucker und Salz aufkochen, Grieß einrühren, vom Herd nehmen und ziehen lassen, bis die Masse eingedickt ist. Eier trennen, Eiklar zu festem Schnee schlagen. Dotter mit dem Staub- und Kristallzucker schaumig rühren und unter den warmen Grieß rühren.
Kleine Gugelhupfförmchen befetten und mit etwas Kristallzucker ausstreuen, die Grießmasse einfüllen und nicht zugedeckt im Wasserbad im Backofen bei ca. 210 °C 35 Minuten lang garen.

Variation: die Masse in eine kleine Dunstgugelhupfform füllen, mit Deckel verschließen und im Backofen im Wasserbad garen.
In beiden Fällen schmeckt dazu eine leichte Marillensauce gut: Feine Marillenmarmelade mit ein wenig Wasser aufkochen und mit einem Schuss Rum abschmecken. Oder Sie mixen frisches Obst mit Zucker und Zitrone und erwärmen das Obstmark kurz.

KLEINE
ORANGEN-MANDEL-GUGELHÜPFCHEN

— FÜR CA. 8-10 MINI-GUGELHUPFFÖRMCHEN — 20. JH.

ZUTATEN 2 unbehandelte Orangen | 5 Eier | 200 g Feinkristallzucker | 50 g Mehl | 250 g geriebene Mandeln

ZUBEREITUNG Die Orangen in einem kleinen Topf mit Wasser bedeckt zum Kochen bringen und bei reduzierter Hitze ca. 45 Minuten köcheln lassen, abkühlen, vierteln, die Kerne entfernen und samt Schale mit dem Mixstab pürieren. Die ganzen Eier und den Zucker mit dem Handmixer ca. 5 Minuten auf doppeltes Volumen aufschlagen, die mit dem Mehl vermischten Mandeln unter die Eimasse ziehen, ebenso das Orangenpüree. Masse in kleine, gut befettete Gugelhupfförmchen füllen und im Wasserbad bei 180 °C im vorgeheizten Backofen ca. 20 Minuten backen.

KLEINE WARME GRIESS-GUGELHÜPFCHEN

FRUCHTIGER BEEREN-GUGELHUPF

20. JH.

ZUTATEN 1 kg gemischte Beeren (Brombeeren, Himbeeren, Ribiseln, Erdbeeren, Heidelbeeren etc.) | 16 Blatt Gelatine (4 davon rot, falls erhältlich) | 1 l süßlicher Rotwein (oder Ribiselsaft) | 4 EL Zucker | 3 EL Rum | einige Zitronenmelissenblätter

ZUBEREITUNG Beeren putzen und vorsichtig waschen, Gelatine in kaltem Wasser einweichen. Rotwein erhitzen, vom Herd nehmen und die ausgedrückte Gelatine darin auflösen, Rum und Zucker einrühren. Einen Teil davon in eine kalt ausgespülte Gugelhupfform aus Metall oder Glas gießen und im Kühlschrank fest werden lassen.
Beeren darauf verteilen und mit dem restlichen flüssigen Gelee übergießen. Im Kühlschrank 4 Stunden fest werden lassen.
Vor dem Stürzen die Form kurz in heißes Wasser tauchen, mit Zitronenmelissenblättern dekorieren.

MANDELSCHAUM-DUNSTGUGELHUPF

CA. 1 LITER

19. JH.

ZUTATEN 6 Eier | 100 g Butter | 100 g Staubzucker | 1 P. Vanillezucker | 100 g geriebene Mandeln

ZUBEREITUNG Eier trennen, Butter mit Zucker, Vanillezucker und Dottern schaumig rühren, Mandeln zufügen. Schüssel über einen Topf mit leicht köchelndem Wasser stellen und über Dunst zu einer schaumigen, aber festen Creme schlagen.
Eiklar zu steifem Schnee schlagen und locker unter die Masse ziehen, in die sehr gut befettete und bemehlte Dunstform füllen, diese verschließen und im Wasserbad 40 Minuten garen.

FRUCHTIGER BEEREN-GUGELHUPF

POLENTA-GUGELHÜPFCHEN MIT WEISSER SCHOKOLADE
UND GLASIERTEN MARONI

— FÜR CA. 8-10 MINI-GUGELHUPFFÖRMCHEN — 20. JH.

ZUTATEN 500 ml Milch | 170 ml Obers | 1 Vanilleschote, Mark ausgekratzt und Hülse in kleine Stücke geschnitten | 150 g weiße Schokolade | 70 g Maismehl (Polentamehl) | 140 g Kristallzucker | 1 ganzes Ei | 1 Dotter
MARONI 3 EL Rohrzucker | Saft von 1 Orange | Saft von ½ Zitrone | 40 ml Maraschino (ital. Kirschlikör) | 20 ml Cognac | 300 g gekochte, geschälte Maroni

ZUBEREITUNG Die Milch und 100 g Obers mit Vanillemark und Vanilleschote zum Kochen bringen, abseihen, dann die in kleine Stücke geschnittene weiße Schokolade, das Maismehl und 80 g vom Kristallzucker zufügen und nochmals aufkochen, bis ein weicher Polentabrei entstanden ist (Kochzeit hängt von der Qualität der Polenta ab, wenn man „Blitzpolenta" benützt, geht es ganz schnell).
Restlichen Kristallzucker mit 20 g Wasser zu Karamell kochen, je einen EL vom Karamell in jedes kleine, gut befettete Gugelhupfförmchen geben.
Ei und Dotter schaumig schlagen und mit dem restlichen Obers gut in die Polenta einrühren. Die Masse in die Förmchen füllen und für 2 Stunden tiefkühlen.
Für die Maroni Rohrzucker karamellisieren, mit Orangen- und Zitronensaft aufgießen, dann Maraschino und Cognac zufügen, ca. 1 Minute aufkochen, die Maroni zufügen und durchschwenken.
Die Gugelhüpfchen ca. 15 Minuten vor dem Servieren aus dem Tiefkühler nehmen, stürzen und mit den glasierten Maroni servieren.

Wer es nicht so süß mag, kann auf das Karamell in den Förmchen verzichten.

WEINGUGELHUPF MIT MUSKATELLER

20. JH.

ZUTATEN 6 Eier | 250 g Zucker | 250 g Biskottenbrösel
ÜBERGUSS 1 l Muskateller | 250 ml Wasser | 1 Zimtrinde | einige Gewürznelken | Zucker nach Belieben

ZUBEREITUNG Die ganzen Eier mit dem Zucker schaumig rühren und die Brösel unterheben.
Die Masse in eine sehr gut befettete und mit feinen Bröseln ausgestreute Gugelhupfform geben, im vorgeheizten Backofen bei 170 °C ca. 30 Minuten backen.
Muskateller, Wasser, Zimtrinde, Gewürznelken und Zucker aufkochen lassen.
Den fertigen Gugelhupf aus dem Backofen nehmen und sofort mit dem heißen Wein übergießen. Abkühlen lassen und vor dem Servieren im Kühlschrank aufbewahren.

POLENTA-GUGELHÜPFCHEN MIT WEISSER SCHOKOLADE UND GLASIERTEN MARONI

CREMIGER
TOPFENMOUSSE-GUGELHUPF

21. JH.

ZUTATEN BISKUIT 5 Eier | 1 Prise Salz | 1 P. Vanillezucker | Schale von 1 Bio-Zitrone | 100 g Kristallzucker | 150 g glattes Mehl | 60 g Butter
TOPFENMOUSSE 400 ml Obers | 6 Blatt Gelatine | 100 g Joghurt | 100 g Staubzucker | 4 EL Orangenlikör | 3 EL Zitronensaft | 1 Prise Salz | 250 g Topfen (20 %)

ZUBEREITUNG Eier trennen, Dotter mit Salz, Vanillezucker, Zitronenschale und Zucker gut schaumig schlagen. Eiklar zu Schnee schlagen und mit dem Mehl unter die Dottermasse heben, Butter schmelzen und noch heiß einrühren. Masse 1 ½ cm dick auf das Blech streichen und bei 180 °C ca. 10 Minuten goldgelb backen. Für die Mousse Obers cremig schlagen und kühl stellen, Gelatine in kaltem Wasser einweichen. Joghurt mit Staubzucker, Likör, Zitronensaft und Salz glatt rühren. Gelatine ausdrücken, auflösen und unter die Masse rühren, zuletzt Topfen und das Obers unterheben.
Aus dem Biskuit eine Scheibe mit dem Durchmesser der Gugelhupfform schneiden. Mousse in die nicht befettete Form füllen, Biskuitscheibe darauflegen, 5 Stunden kühl stellen.
Form kurz in heißes Wasser tauchen und Gugelhupf stürzen. Restliches Biskuit in kleine Würfel schneiden und auf dem Gugelhupf verteilen, falls gewünscht mit Staubzucker bestreut servieren.

EISGUGELHUPF

ENDE 20. JH.

ZUTATEN 4 Dotter | 4 EL Zucker | 100 g Kuvertüre | 4 EL Rum | ausgekratztes Mark einer Vanilleschote | 300 ml Obers

ZUBEREITUNG Dotter mit Zucker über Dunst schaumig rühren, kalt rühren, danach die Masse auf zwei Schüsseln aufteilen. Die Kuvertüre im Wasserbad schmelzen, mit 2 EL Rum unter die eine Hälfte der Dottercreme rühren, in die andere das Vanillemark einrühren. Obers steif schlagen und vorsichtig je zur Hälfte unter die Schokoladen- und Vanillemasse heben.
Zuerst die Vanille-, dann die Schokoladenmasse in eine mit Frischhaltefolie ausgelegte Gugelhupfform füllen. Wie bei einem Marmorgugelhupf die beiden Massen mischen, über Nacht in den Gefrierschrank stellen. Vor dem Servieren antauen lassen, dann auf eine Platte stürzen und mit Früchten garnieren.

SCHOKOLADENPARFAIT-GUGELHUPF

ENDE 20. JH.

ZUTATEN 1 Dotter | 1 ganzes Ei | 60 g Staubzucker | 1 P. Vanillezucker | 1 Prise Salz | 3 EL Rum | 200 g Bitterschokolade, gehackt | 30 g Butter | 2 gestrichene EL Kakao | 250 ml Obers

ZUBEREITUNG Dotter, Ei, Staubzucker, Vanillezucker und 1 Prise Salz vermischen und über Dampf dickcremig aufschlagen – Kessel dabei drehen und zügig schlagen, damit sich keine Klumpen bilden. Sobald die Masse deutlich an Volumen zugenommen hat, vom Dampf nehmen und ins kalte Wasserbad stellen, weiterrühren, bis die Masse kalt ist, dann Rum einrühren.
Parallel dazu über einem heißen Wasserbad Schokolade mit Butter und Kakao schmelzen und unter die Eimasse rühren, nochmals kurz kalt rühren.
Obers dickcremig schlagen und unter die Schokoladenmasse heben. Masse in eine mit Frischhaltefolie ausgelegte Gugelhupfform füllen, mit Frischhaltefolie zudecken und 7 Stunden gefrieren lassen.
Vor dem Servieren die Form kurz in heißes Wasser tauchen, dann stürzen.

Dazu passen gedünstete Marillen: 500 g Marillen entkernen, in Viertel schneiden, 3 EL Zitronensaft, 80 g Gelierzucker und 1 kl. Zimtstange zugeben und bei schwacher Hitze ca. 4 Minuten dünsten.

MARILLENPARFAIT-GUGELHUPF

ENDE 20. JH.

ZUTATEN 5 ganze Eier | 6 Dotter | 220 g Kristallzucker | 1 EL Vanillezucker | 5 EL Marillenbrand | 1 Prise Salz | 750 ml Obers | ca. 150 g Marillenmarmelade | Minze und Schokoladenspäne zum Dekorieren

ZUBEREITUNG Eier, Dotter, Kristallzucker, Vanillezucker, Marillenbrand und Salz verrühren und über Dampf zu cremiger Konsistenz aufschlagen. Darauf achten, dass keine Klümpchen entstehen, daher den Schneekessel immer wieder drehen.
Vom Dampf nehmen und im kalten Wasserbad kalt schlagen. 1/3 des steif geschlagenen Obers gut unterrühren, restliches Obers vorsichtig unterziehen.
Gugelhupfform mit Frischhaltefolie auslegen, zu einem Drittel mit der Masse füllen, darauf mit einem Spritzsack Marillenmarmelade in Streifen auftragen – weiteres Drittel der Parfaitmasse darüber, wieder Marmeladestreifen und dann mit der restlichen Masse bedecken. Im Tiefkühler frieren lassen, am besten über Nacht.
Parfait aus der Form stürzen, Folie abziehen und in nicht zu dünnen Scheiben auf gekühlten Tellern anrichten, mit Minze und Schokoladespänen dekorieren.

Rührteig-
GUGELHUPFE

DER RÜHRTEIG

Rührteige eignen sich wie Germteige sehr gut dazu, in einem Gugelhupfmodel gebacken zu werden. Rührteige bestehen im Allgemeinen aus Fett, Eiern, Zucker und Mehl. Eier geben dem Backwerk nicht nur Geschmack, sondern lockern auch den Teig. Dies erklärt die hohe Anzahl von Eiern in den historischen Gugelhupfrezepten vor der Erfindung des Backpulvers (1854).

WISSENSWERTES ZUR TEIGLOCKERUNG

Damit Teige beim Backen locker und luftig werden, benötigen sie ein Backtriebmittel. Das seit Jahrhunderten bekannte und verwendete natürliche Triebmittel „Germ“ oder „Hefe“ (Näheres darüber siehe S. 26) ist nach wie vor ein hervorragendes Naturprodukt zur Lockerung eines Teiges. Ein Nachteil ist allerdings die lange Gärdauer.

WEINSTEIN ZUR LOCKERUNG

Außer Germ wurde auch der **natürliche Weinstein** als Triebmittel verwendet. In den alten Rezepten wird Weinstein mit seinem lateinischen Namen „*Cremor tartari*“ angeführt. Verkauft wurde er früher in Apotheken.

Weinstein entsteht bei der Lagerung von Wein oder Traubensaft in den Weinfässern und legt sich bei der Auskristallisierung vorwiegend am Boden ab. Es handelt sich um ein Gemisch der schwer löslichen Salze der Weinsäure.

Durch die Erfindung des chemischen Backpulvers wurde das Weinstein-Backpulver verdrängt. Erfreulicherweise kann man heute dieses natürliche Backtriebmittel „Weinstein-Backpulver“ wieder in allen guten Lebensmittelläden kaufen.

Weinstein-Backpulver ist völlig geschmacklos, während das chemische Backpulver stark adstringierend auf die Schleimhäute wirkt. Ein Faktum, das nicht allen Menschen angenehm ist.

ZUR GESCHICHTE DES BACKPULVERS

Dem amerikanischen Wissenschaftler Eben Norton Horsford (1818–1893, Schüler des bedeutenden deutschen Chemikers Dr. Justus von Liebig) gelang es 1854, auf chemischem Wege ein Backtriebmittel, das uns bekannte Backpulver, zu entwickeln. Es besteht aus saurem Calciumphosphat und Natriumhydrocarbonat. Das erste Backpulver – „yeast powder“ genannt – wurde in Amerika erzeugt und dort verkauft. Eine Verbesserung durch Zugabe von Kaliumchlorid ergab das von Horsford später patentierte „baking powder“. Die Erfindung des Backpulvers brachte eine enorme Erleichterung für die industrielle Herstellung von Brot- und Süßwaren.

Der Erfolg des Backpulvers in Deutschland begann mit Dr. August von Oetker in Bielefeld, der in seiner Apotheke ab 1893 für private Haushalte kleine Mengen des neuen Produktes abpackte und unter dem Namen „Backin“ verkaufte. 1902 wurde der Name als Marke registriert und das entsprechende Verfahren durch Oetker patentiert.

In den Rührteig-Rezepten in diesem Buch wird sowohl Backpulver als auch Weinstein-Backpulver angeführt. Die Wirkung der beiden ist dieselbe. Für empfindliche Gaumen allerdings – wie oben schon erwähnt – gibt es einen geschmacklichen Unterschied. Welches der beiden Arten von Backpulver Sie verwenden wollen, ist Ihnen überlassen.

ZUBEREITUNG VON RÜHRTEIGEN

Folgendes sollten Sie bei der Zubereitung von Rührteigen beachten:

- **Fett und Eier** sollen immer Zimmertemperatur haben.

- Rühren Sie – am besten mit einem Handmixer – zuerst die **Butter** schaumig, dann fügen Sie je nach Rezept **Eier und Zucker** nach und nach zu, immer gut rührend, damit wirklich eine „schaumige", gut emulgierte Masse entsteht.

- Erst dann rühren Sie die **weiteren Zutaten** ein.

- **Backpulver** muss immer mit dem trockenen Mehl gut vermischt oder versiebt werden.

- **Eischnee**, wenn vorgesehen, wird fast immer zuletzt vorsichtig unter die Masse untergehoben. Eine Prise Salz ist beim Aufschlagen der Eiklar zu empfehlen.

Backpulverteig muss sofort nach Fertigstellung gebacken werden. Lässt man den Teig ungebacken stehen, wird die Wirkung des Backpulvers durch die Feuchtigkeit zerstört.

Die Rezepte, die Sie auf den folgenden Seiten finden, haben bis auf wenige Ausnahmen alle Backpulver als Zutat. Daher stammen sie, wenn nicht anders angegeben, durchwegs aus dem 20. Jahrhundert – meine Sammlung umfasst sowohl handschriftliche Rezepte von Freunden als auch Rezepte aus älteren Zeitschriften und Büchern (ca. von 1910 bis 1990.)

BISKOTTENGUGELHUPF

19. JH.

ZUTATEN 8 Dotter | 210 g Vanillezucker (siehe Rahmen unten) | 7 Eiklar | 1 Prise Salz | 100 g Mehl | 140 g Rosinen

ZUBEREITUNG Die Dotter mit dem Vanillezucker verrühren und schaumig schlagen, Eier mit Salz zu steifem Schnee schlagen, diesen zugeben, noch kurz rühren, zuletzt Mehl und Rosinen beimengen und vorsichtig im vorgeheizten Backofen bei 170 °C backen.

Das Rezept oben ist ein historisches Rezept ohne Fett aus Biskuitteig (Biskuit wurde früher „Biskotten" genannt).

Wissenswert

Vanillezucker selbst gemacht

Für dieses Rezept müssen Sie unbedingt echten Vanillezucker verwenden. Diesen können Sie sehr leicht selbst herstellen und in einem Glas gut verschlossen lange aufbewahren:
Zwei Vanilleschoten aufschlitzen, das Mark mit einem scharfen Messer herauskratzen und mit feinem Staubzucker vermischen. Die Schoten in kleine Stücke schneiden und ebenfalls zum Zucker geben. Um vollaromatisch zu werden, muss der Zucker einige Zeit ziehen. Bevor Sie ihn verwenden, die entsprechende Menge entnehmen und durch ein Sieb seihen, die Vanilleschoten wieder zurück ins Glas geben und eventuell Zucker nachfüllen. Alternativ können Sie Staubzucker und 1 P. Bourbon-Vanillezucker verwenden.

OBERSGUGELHUPF

1992

ZUTATEN 6 Eier | 160 g Zucker | 200 g Mehl | 1 P. Weinstein-Backpulver | 1 P. Vanillezucker | 250 ml Obers

ZUBEREITUNG Eier trennen, Eiklar mit 1 Löffel Zucker zu steifem Schnee schlagen. Restlichen Zucker mit Dottern schaumig rühren. Mehl mit Backpulver und Vanillezucker gut vermischen, Obers steif schlagen und mit dem Eischnee vorsichtig unter die Dottermasse ziehen. Teig in eine gut befettete und bemehlte Gugelhupfform füllen, in den **kalten(!)** Backofen stellen und bei 180 °C ca. 1 Stunde backen.

Das Rezept vom Obersgugelhupf ist ein überliefertes Rezept von Wiesbauers Landmehl-Mühle und war 1992 in den Salzburger Nachrichten abgedruckt.

BISKOTTEN-GUGELHUPF

SACHER-GUGELHUPF

1903

ZUTATEN 140 g Butter | 140 g dunkle Schokolade | 140 g Zucker | 3 Esslöffel Wasser | 4 Eier | 2 gehäufte TL Weinstein-Backpulver | 100 g Weizenmehl

ZUBEREITUNG Butter und Schokolade über einem Wasserbad schmelzen, nicht zu heiß werden lassen. Danach alle Zutaten der Reihe nach zufügen und gut rühren, zuletzt das mit dem Backpulver versiebte Mehl untermischen (der Teig ist quasi flüssig). Diesen rasch in einen befetteten und bemehlten Model füllen und sofort im vorgeheizten Backofen bei 190 °C Ober- und Unterhitze ca. 45 Minuten backen. Kurz in der Form auskühlen lassen und dann stürzen.

Statt normalen Mehles können Sie Weizen- oder Dinkelvollkornmehl verwenden, dann allerdings sollten Sie noch einen Löffel Wasser hinzufügen. Als Variante können Sie Gewürze, wie z. B. einen Löffel Zimt, dazugeben.

EINFACHER GUGELHUPF
(„SONNTAGSBUNKEL")

UM 1950

Wissenswert

Basisrezept

Dieses Rezept ist sozusagen ein „Basisrezept" für einen Rührteig, der Variationen ermöglicht: Sie können Rosinen oder Schokoladenstückchen zufügen, abgeriebene Zitronenschale oder klein geschnittene getrocknete Früchte, Aranzini und Zitronat, aber auch Liköre und andere Aromata als Geschmacksgeber. Auch Nüsse oder Mandeln oder ein Tropfen Bittermandelöl verfeinern diesen Gugelhupf. Hier ist der persönlichen Phantasie keine Grenze gesetzt. Ein sehr praktisches Rezept, das immer gelingt!

ZUTATEN 250 g Butter | 4 ganze Eier | 250 g Zucker | 1 Prise Salz | 1 P. Backpulver | 250 g Mehl | 1 Tasse Milch (ca. 150 ml)

ZUBEREITUNG Die weiche Butter schaumig rühren, nach und nach Eier und Zucker und Salz zufügen, immer gut mit dem Handmixer rühren und zuletzt das mit dem Backpulver versiebte Mehl und die Milch untermengen.
Im gut befetteten und bemehlten Model im vorgeheizten Backofen bei 180 °C ca. 1 Stunde backen.

Dieser einfache Rührteiggugelhupf wurde in meiner Kindheit nach dem Krieg in Ebensee als sogenannter „Sonntagsbunkel" gebacken. Wenn es ein „besonderer" sein sollte, dann wurden „Weinberln" (= Rosinen oder Korinthen) dazugegeben.

SACHER-
GUGELHUPF

SCHRATT-GUGELHUPF
AUS KLASSISCHEM RÜHRTEIG

ENDE 19. JH.

ZUTATEN 4 Eier | 140 g Butter | 140 g Zucker | 8 EL lauwarme Milch | abgeriebene Schale einer halben Bio-Zitrone | 1 TL Rum | 1 TL Backpulver | 280 g fein gesiebtes Mehl | 50 g in Rum eingeweichte Rosinen

ZUBEREITUNG Eier trennen, Eiklar zu festem Schnee schlagen. Butter und Zucker schaumig rühren, nach und nach Dotter, Milch, Zitronenschale, Rum, das mit dem Backpulver vermischte Mehl und Rumrosinen zufügen und gut abrühren. Zuletzt den Schnee unterziehen und den Teig in den gut befetteten und bemehlten Model füllen.
Im vorgeheizten Backofen bei ca. 180 °C auf unterer Schiene ca. 45 Minuten backen. Im halb geöffneten Backofen auskühlen lassen, dann erst stürzen und mit Staubzucker bestreuen.

In der Donaumonarchie, vor allem im jetzigen Österreich und ganz besonders in Wien, hatte der K.-u.-k.-Hof große Anziehungskraft. Das Volk versuchte in jenen Lebenslagen, wo es möglich war, diesen zu imitieren oder Anregungen zu übernehmen. Im Küchenbereich war das relativ einfach möglich. Daher gibt es in fast jedem Kochbuch aus jener Zeit mindestens einen Kaisergugelhupf und einen „Schratt-Gugelhupf“ (siehe auch Kapitel „Hofküchen-Rezepte“, S. 74 und 76). Keines der Rezepte aus jenen Büchern ist authentisch. Selbst im Kochbuch von Gödöllő in Ungarn fand sich ein „Schratt-Gugelhupf“, der allerdings jenem von der Konditorei Zauner sehr ähnelt und aus Germteig gemacht wird.

ROSINENGUGELHUPF
MIT WENIG FETT

20. JH.

ZUTATEN 6 Eier | 1 Prise Salz | 1 P. Vanillezucker | abgeriebene Schale einer halben Bio-Zitrone | 160 g Kristallzucker | 150 g glattes Mehl | 100 g Rosinen | 40 g Butter

ZUBEREITUNG Eier trennen, mit dem Handmixer Dotter, Salz, Vanillezucker, abgeriebene Zitronenschale und 2 EL vom Kristallzucker gut cremig rühren. Die Eiklar mit restlichem Zucker zu Schnee schlagen. Ein Drittel des Schnees zügig mit der Dottermasse verrühren, Mehl und restlichen Schnee unterheben, Rosinen und zerlassene Butter vorsichtig unterrühren. Masse in den Model füllen und im vorgeheizten Backofen ca. 35–40 Minuten bei 170 °C auf unterster Schiene backen (Nadelprobe machen!).
Den fertigen Gugelhupf in der Form etwas auskühlen lassen und dann stürzen.

Sie können auch Rosinen mit Rumaroma zufügen. Wenn Sie häufiger Rumrosinen brauchen, lohnt es sich, in einem Marmeladenglas Rosinen mit Rum zu übergießen, das Glas gut zu verschließen und die Rosinen vor dem Verbrauch zu entnehmen. Rumrosinen eignen sich für viele Mehlspeisen, z. B. Kaiserschmarrn, Topfenspeisen etc.

GRIESS-KUGELHUPF
OHNE FETT

VOR 1860

ZUTATEN 10 (7) Eier | 420 g (280 g) fein gestoßener Zucker | 120 g (80 g) fein geriebene Mandeln | 280 g (190 g) feiner Kindergrieß (z. B. Himmeltau, Instant-Grieß) oder feiner Dinkelgrieß | (etwas) Saft und abgeriebene Schale von einer Bio-Zitrone | 4 (3) Stück Bittermandeln (in Apotheken oder Reformhäusern erhältlich), gerieben

ZUBEREITUNG Eier trennen, Eiklar zu steifem Schnee schlagen. Zucker mit Dottern gut schaumig rühren, dann Mandeln, Grieß und andere Zutaten unterrühren, zuletzt den Schnee unterheben.
Die Masse in eine gut befettete und mit Mehl ausgestreute Gugelhupfform füllen, 45 Minuten bei 170 °C Ober- und Unterhitze backen (Nadelprobe machen!).

Dieses alte Rezept ist einer meiner Lieblingsgugelhupfe unter den Rührteigen. Die Mengenangaben bei den Zutaten sind original für einen großen, in Klammern für einen mittleren Model angegeben. Der Gugelhupf hält sich bis zu einer Woche frisch!

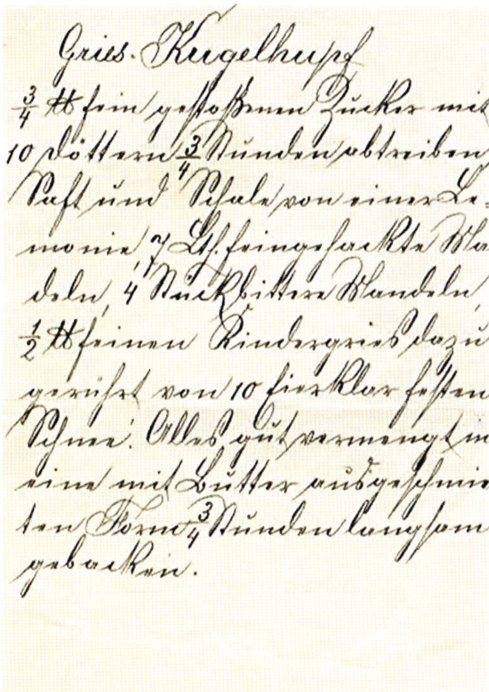

Gries-Kugelhupf
3/4 ℔ fein gestossenen Zucker mit
10 Dottern 3/4 Stunden abtreiben
Saft und Schale von einer Li-
monie, 7 Lt. feingehackte Man-
deln, 4 Stück bittere Mandeln
1/2 ℔ feinen Kindergries dazu
gemischt von 10 Eierklar festen
Schnee. Alles gut vermengt in
eine mit Butter ausgeschmier-
ten Form 3/4 Stunden langsam
gebacken.

MARZIPANGUGELHUPF

20. JH.

ZUTATEN 100 g Marzipan-Rohmasse | 6 Eier | 250 g Butter | 250 g Zucker | 1 TL Zimt | 100 g geriebene Mandeln | 200 g Mehl | Mandelblättchen für die Form

ZUBEREITUNG Marzipan-Rohmasse in sehr kleine Stücke schneiden. Eier, Butter, Zucker, Zimt und Marzipanstückchen schaumig rühren. Mandeln und Mehl kurz unterheben. Teig in einen befetteten und mit Mandelblättchen ausgestreuten Model füllen und auf der mittleren Schiene im auf 180 °C Ober- und Unterhitze vorgeheizten Backofen ca. 55 Minuten backen.
Ausgekühlt aus der Form stürzen und mit Staubzucker bestreuen.

NONNA MARINAS MARMORGUGELHUPF

20. JH.

ZUTATEN 5 Eier | 250 g Butter | 20 g Staubzucker | 10 g Vanillezucker | 1 Prise Salz | abgeriebene Schale von ½ Bio-Zitrone | 150 g Kristallzucker | 190 g Mehl | 40 g Mais- oder Kartoffelstärke | 10 g ungesüßtes Kakaopulver | 2 cl Öl

ZUBEREITUNG Eier trennen, Butter mit Staubzucker, Vanillezucker, Salz und Zitronenschale schaumig rühren, Dotter nach und nach zufügen. Eiklar mit Kristallzucker zu einem cremigen Schnee aufschlagen und unterheben. Mehl und Stärke versieben und vorsichtig in die Masse einrühren. Die Masse halbieren, einen Teil mit gesiebtem Kakaopulver und Öl verrühren.
In einen befetteten und bemehlen Model abwechselnd weiße und dunkle Masse füllen und mit einem Kochlöffelstil zwei- bis dreimal spiralförmig umrühren, so bekommt man eine schöne Marmorierung. Im vorgeheizten Backofen bei 180 °C Ober- und Unterhitze ca. 1 Stunde backen.

Das Rezept für diesen Gugelhupf habe ich von einer Freundin, meine Enkel bezeichnen ihn als „Nonna Marinas Gugelhupf".

MARZIPAN-SCHOKOLADEN-GUGELHUPF

UM 1950

ZUTATEN 3 Eier | 140 g Butter | 140 g Rohmarzipan | 20 g Staubzucker | 1 P. Vanillezucker | 2 cl Cointreau (Orangenlikör) | abgeriebene Schale einer Bio-Zitrone | 1 Prise Salz | 90 g Kristallzucker | 140 g Mehl | 170 g Kochschokolade, in kleine Stückchen gehackt

ZUBEREITUNG Eier trennen, Butter mit Marzipan, Staubzucker und Vanillezucker schaumig rühren, nach und nach die Dotter und zuletzt den Cointreau und die Zitronenschale einrühren.
Eiklar mit Salz und Kristallzucker zu einem schmierigen Schnee schlagen. Die Hälfte des Schnees in den Butter-Marzipan Abtrieb einrühren, das gesiebte Mehl zufügen, durchrühren und zuletzt den restlichen Schnee und die Schokoladenstückchen unterheben.
In einem befetteten und mit gehobelten Mandeln ausgestreuten Model bei 160–180 °C Ober- und Unterhitze etwa 50 Minuten backen (Nadelprobe machen!).

NONNA MARINAS MARMORGUGELHUPF

ECHTER SCHOKOLADEN-GUGELHUPF

20. JH.

ZUTATEN 70 g Butter | 100 g feine dunkle Schokolade (45 % Kakaoanteil) | 8 Eier | 200 g Feinkristallzucker | 170 g Mehl | ½ P. Weinstein-Backpulver | 30 g Maisstärke | etwas abgeriebene Zitronenschale | 2 cl Rum | Marillenmarmelade zum Bestreichen | Schokoladenglasur (siehe S. 21)

ZUBEREITUNG Butter und Schokolade über einem Wasserbad schmelzen (nicht zu heiß werden lassen) und gut verrühren. Die ganzen Eier mit dem Feinkristallzucker über einem heißen Wasserbad schaumig schlagen und danach kalt schlagen. Mehl, Backpulver und Maisstärke miteinander versieben und in die Eimasse einarbeiten, Zitronenschale und Rum ebenso. Dann die Schokolade-Butter-Mischung vorsichtig einrühren.
In eine gut befettete und mit Biskottenbröseln ausgestreute Gugelhupfform füllen und bei ca. 180 °C 50–60 Minuten backen.
Stürzen, mit heißer Marillenmarmelade bestreichen. Wenn der Gugelhupf ganz ausgekühlt ist, mit Schokoladenglasur übergießen.

Wenn Sie die befettete Form statt mit Mehl mit fein geriebenen abgezogenen Mandeln ausstreuen, erhält der Gugelhupf einen besonders feinen Geschmack.

ZUCCHINI-ÖL-GUGELHUPF

20. JH.

ZUTATEN 3 Eier | 2 Tassen* Zucker | 1 Tasse Öl | 1 Tasse geriebene Nüsse | 3 Tassen griffiges Mehl | 1 P. Vanillezucker | 1 P. Weinstein-Backpulver | 1 TL Zimt | 2 Tassen geraspelte Zucchini

* 1 Tasse = 125 ml

ZUBEREITUNG Die ganzen Eier schaumig rühren, mit Zucker weiterrühren, dann alle anderen Zutaten nach und nach unterrühren, die Zucchini zuletzt unterheben. In einer gut befetteten und bemehlten Gugelhupfform bei 180 °C ca. 1 Stunde backen (Nadelprobe machen!).

ECHTER SCHOKOLADEN-GUGELHUPF

AMEISENGUGELHUPF „TANTE HELENE"

20. JH.

ZUTATEN 4 Eier | 1 Prise Salz | 250 g Butter | 250 g Zucker | 1 P. Vanillezucker | 250 g Mehl | ½ P. Weinstein-Backpulver | 125 ml Eierlikör | 100 g Schokoladenstreusel oder gehackte Schokolade

ZUBEREITUNG Eier trennen, Eiklar mit Salz zu steifem Schnee schlagen. Butter mit Zucker, Vanillezucker und Dottern gut abtreiben. Mehl mit Backpulver versieben und mit dem Eierlikör in den Butterabtrieb rühren. Zuletzt Schnee und Schokoladenstreusel bzw. Schokoladenstückchen unterziehen. In eine gut befettete und bemehlte Gugelhupfform füllen und bei 175 °C Ober- und Unterhitze ca. 70 Minuten backen.

Wie auf dem Foto zu sehen, können Sie den Gugelhupf anstatt mit Schokoladenstreuseln auch mit gehackten Schokoladenstückchen zubereiten. Diese sinken beim Backen jedoch eher nach unten. Falls gewünscht, können Sie den Gugelhupf mit einer Schokoladen- oder anderen Glasur überziehen (Rezepte siehe S. 21 und 22).

MARMORGUGELHUPF
NACH ART DES HAUSES DEMEL

20. JH.

Wissenswert

Der Demel

Die K.-u.-k.-Hofzuckerbäckerei Demel am Kohlmarkt wurde 1786 gegründet und belieferte den Hof Kaiser Franz Josephs und Kaiserin Elisabeths. „Der Demel" war bis 1972 im Familienbesitz, seit 2002 wird die Konditorei von Do & Co geleitet. Immer noch an ihrer alten Adresse, ist sie nach wie vor eine der berühmtesten und beliebtesten Konditoreien Wiens.

ZUTATEN 6 Eier | 150 g Kristallzucker | 270 g Butter | 150 g Staubzucker | 250 g Mehl | 50 g dunkle Schokolade

ZUBEREITUNG Eier trennen, Eiklar mit Kristallzucker zu einem festen, cremigen Schnee schlagen. Zimmerwarme Butter mit Staubzucker schaumig rühren und nach und nach die Dotter dazugeben. Einen Teil des Schnees unter den Butterabtrieb heben, gesiebtes Mehl vorsichtig unterrühren, restlichen Schnee unterziehen.
Zwei Drittel der Masse in eine befettete, bemehlte Gugelhupfform füllen, restliche Masse mit der über einem Wasserbad geschmolzenen Schokolade vermengen und ebenfalls in die Gugelhupfform geben. Mit einem Kochlöffelstiel zwei- bis dreimal spiralförmig umrühren, um eine Marmorierung zu erzielen. Im vorgeheizten Backofen bei ca. 180 °C Ober- und Unterhitze ca. 90 Minuten backen (unbedingt Nadelprobe machen!). Ausgekühlt mit Staubzucker bestreuen.

AMEISENGUGELHUPF „TANTE HELENE"

KÖNIGIN-VON-SABA-GUGELHUPF
GLUTENFREI

20. JH.

ZUTATEN 6 Eier | 1 Prise Salz | 180 g dunkle Schokolade | 180 g Butter | 180 g Zucker | 180 g geriebene Mandeln

ZUBEREITUNG Eier trennen, Eiklar mit Salz zu steifem Schnee schlagen. Schokolade über einem heißen Wasserbad schmelzen. Sehr weiche Butter mit Dottern und Zucker schaumig rühren, dann Schokolade und Mandeln zufügen und zuletzt den Schnee unterziehen. Einen Model mit Butter ausstreichen, bemehlen und die Masse einfüllen. Im vorgeheizten Backofen bei 170 °C Ober- und Unterhitze ca. 40 Minuten backen.

Für diesen Gugelhupf brauchen Sie trotz der großen Zutatenmengen lediglich eine mittlere Gugelhupfform mit 20 cm Ø, da die Masse nicht aufgeht. Dies ist ein Gugelhupf ohne Mehl, den Sie kalt oder warm essen können und der innen möglichst noch etwas feucht sein soll. Falls gewünscht, mit Schlagobers servieren.

SCHOKOLADENGUGELHUPF
GLUTENFREI

19. JH.

ZUTATEN 350 g glutenfreies Mehl* | 50 g Maismehl | 200 g gemahlene Mandeln | 2 TL Backpulver | ½ TL Natron | 1 P. Vanillezucker | 20 g Kakaopulver | 2 TL lösliches Kaffeepulver | 1 TL gemahlener Zimt | 6 ganze Eier | 2 Dotter | 150 ml Obers | 210 g Staubzucker | 240 g Sonnenblumenöl

ZUBEREITUNG Glutenfreies Mehl, Maismehl, Mandeln, Backpulver, Natron, Vanillezucker, Kakaopulver, Kaffeepulver und Zimt gut vermischen. Eier, Dotter, Obers, Staubzucker und Öl dazugeben und mit dem Handmixer ca. 1 Minute gut rühren. Den Teig in eine gut befettete und bemehlte Gugelhupfform füllen und auf mittlerer Schiene im vorgeheizten Backofen bei 180 °C Ober- und Unterhitze backen (Nadelprobe machen!).

* Glutenfreie Mehlmischungen, die sich zum Backen eignen, sind in Reformhäusern oder gut sortierten Supermärkten erhältlich. Sie können diesen Gugelhupf zusätzlich mit einer Schokoladenglasur oder einer anderen Glasur überziehen (Rezepte siehe S. 21 und 22).

KÖNIGIN-VON-SABA-GUGELHUPF

MAYERLINGER GUGELHUPF

1906

Wissenswert

Mayerlinger Gugelhupf

Das Rezept dieses leichten, dennoch saftigen Gugelhupfes stammt aus „Gute Küche" der Illustrierten Kronen-Zeitung und wurde von der Autorin der heutigen Zeit entsprechend abgewandelt. Das Originalrezept sieht 13 Dotter, Schnee von 12 Eiklar und die doppelte der hier angegebenen Menge an Zucker und Stärkemehl vor und wäre daher für eine sehr große Form bemessen.
Mayerling ist ein kleiner Ort im südlichen Wienerwald in der Nähe des Stiftes Heiligenkreuz. Dort befindet sich das ehemalige Jagdschloss des Thronfolgers Rudolf, Sohn Kaiser Franz Josephs I., in welchem Rudolf sich das Leben nahm. Als Sühne verwandelte sein Vater dieses Schlösschen in ein Karmelitinnenkloster.

ZUTATEN 6 Eier | 210 g Staubzucker | abgeriebene Schale und Saft einer Bio-Zitrone | 120 g Kartoffelstärke (auch Mais- oder andere Speisestärke)

ZUBEREITUNG Eier trennen, Eiklar zu steifem Schnee schlagen. Dotter mit Staubzucker so lange abtreiben, bis eine weißliche Masse entsteht (in der Küchenmaschine geht dies in wenigen Minuten, mit der Schneerute allerdings braucht man ca. 20 Minuten), dann abgeriebene Zitronenschale und Zitronensaft zufügen, Stärke und zuletzt vorsichtig den Schnee unterheben.
In einem gut befetteten und bemehlten Model ca. 1 Stunde bei 180 °C Ober- und Unterhitze backen. Vor dem Anschneiden ganz auskühlen lassen, mit Staubzucker bestreuen.

TOPFEN-ZITRONEN-GUGELHUPF
AUF ITALIENISCHE ART

20. JH.

ZUTATEN 100 g Butter | 150 g Zucker | 4 Eier | 100 g Mehl | 1 Prise Salz | Bourbon-Vanillezucker | abgeriebene Schale und Saft einer Bio-Zitrone | 750 g italienischer Ricotta

ZUBEREITUNG Butter mit Zucker schaumig rühren, nach und nach Eier zufügen, gut mit dem Handmixer verrühren, Mehl, Salz und Vanillezucker untermengen und gut verrühren, Zitronenschale und -saft zufügen und zuletzt den Ricotta untermischen.
Den Teig in eine sehr gut befettete und mit Bröseln ausgestreute Gugelhupfform füllen und bei 180 °C Ober- und Unterhitze 1 Stunde backen.

Für dieses und die folgenden Rezepte reicht jeweils eine mittlere Gugelhupfform mit ca. 20 cm Ø, weil die Massen nur unwesentlich aufgehen.

TOPFENGUGELHUPF
AUF EINFACHE ART

20. JH.

ZUTATEN 2 Eier | 100 g Butter | 200 g Staubzucker | 1 P. Vanillezucker | 1 TL Rum | 200 g Topfen (20 % Fett) | 1 P. Backpulver | 400 g Mehl | ca. 190 ml Milch | 1 Prise Salz

ZUBEREITUNG Eier trennen, Butter, Dotter, Staubzucker, Vanillezucker und Rum schaumig rühren, den passierten Topfen einmengen. Das mit dem Backpulver versiebte Mehl abwechselnd mit der Milch portionsweise einrühren. Eiklar mit Salz zu festem Schnee schlagen und vorsichtig unter die Masse ziehen.
In einem gut befetteten und bemehlten Gugelhupfmodel bei 180 °C Ober- und Unterhitze ca. 75 Minuten backen (Nadelprobe machen!).

Sie können dem Teig nach Belieben 200 g Rosinen beimengen.

TOPFEN-INGWER-GUGELHUPF

20. JH.

ZUTATEN 5 ganze Eier | 1 P. Vanillezucker | 150 g Zucker | 250 g weiche Butter | 250 g Topfen | 1 P. Weinstein-Backpulver | 300 g griffiges Mehl | 250 g kandierter Ingwer, in kleine Würfel geschnitten

ZUBEREITUNG Die ganzen Eier gut durchschlagen, den mit dem Vanillezucker vermischten Zucker langsam einrühren, Butter und Topfen löffelweise mit dem Handmixer – oder in der Küchenmaschine – einrühren, zuletzt das mit dem Backpulver versiebte Mehl dazugeben und alles gut durchrühren, zum Schluss den Ingwer untermengen.
Bei 180 °C (Ober- und Unterhitze) ca. 45–60 Minuten backen (Nadelprobe machen!).

Variation: Man kann die Masse auch ohne Ingwer als reinen Topfengugelhupf backen oder andere Geschmacksingredienzien beifügen: Rosinen, Aranzini, Zitronat …

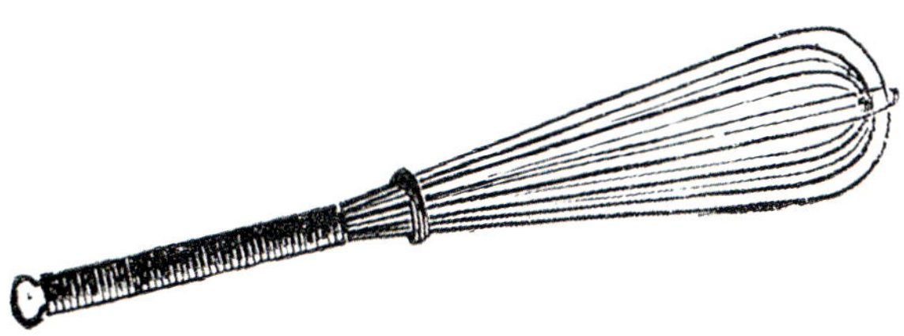

KAFFEEGUGELHUPF
À LA MARINISSIMA

20. JH.

ZUTATEN 250 ml sehr starker Espresso | 30 g Kochschokolade | 6 Eier | 150 g Kristallzucker | 270 g Butter | 150 g Staubzucker | 150 g glattes Mehl | etliche ganze Kaffeebohnen

ZUBEREITUNG Den sehr starken Espresso (oder „Mokka“) in eine weite Kasserolle geben und bei starker Hitze auf die Hälfte seines Volumens reduzieren, im heißen Kaffee die Kochschokolade auflösen.
Die Eier trennen und die Eiklar mit dem Kristallzucker zu steifem Schnee schlagen. Die temperierte Butter mit dem Staubzucker und den Dottern schaumig rühren und einen Teil des festen Schnees unterziehen, anschließend das Mehl „einmelieren“ und den restlichen Schnee unterheben.
Auf den Boden einer gut befetteten und bemehlten Gugelhupfform einige Kaffeebohnen streuen, dann zwei Drittel der Masse einfüllen. Unter die restliche Masse die Kaffee-Schokoladen-Essenz rühren und diese ebenfalls in die Gugelhupfform füllen, eine Gabel oder einen Kochlöffelstiel zwei- bis dreimal durch die verschiedenfärbigen Massen ziehen, damit in der weißen Masse die für einen Marmorgugelhupf typischen Schlieren entstehen.
Bei 190 °C Ober- und Unterhitze den Gugelhupf im vorgeheizten Backofen ca. 90 Minuten backen, auskühlen lassen und dann stürzen, mit Staubzucker bestreuen.

Die Kaffeebohnen werden durch das Backen zwar nicht gänzlich weich, man kann sie aber zerbeißen und sie sorgen für einen zusätzlichen intensiven Kaffeegeschmack.

MANDEL-SCHOKOLADEN-GUGELHUPF
GLUTENFREI

20. JH.

ZUTATEN 100 g Mandelmehl (geschälte, feinst geriebene Mandeln) | 150 g Reismehl | 1 P. Weinstein-Backpulver | 30 g ungezuckertes Kakaopulver | 170 g Zucker | 2 Eier | 80 g Butter | 160 ml Milch

ZUBEREITUNG Mandelmehl, Reismehl und Weinstein-Backpulver gut vermengen, dann Kakao und Zucker untermengen, Eier, flüssige Butter und Milch zufügen, gut abrühren und in eine gut befettete und mit Mandelblättchen ausgestreute Gugelhupfform füllen. Bei 170 °C im vorgeheizten Backofen ca. 1 Stunde backen (Nadelprobe machen!).

Diese Masse können Sie auch in kleinen Förmchen backen und als Nachspeise mit Schlagobers servieren.

KAFFEEGUGELHUPF À LA MARINISSIMA

REICHHALTIGER
ROSINENGUGELHUPF

20. JH.

ZUTATEN 6 Eier | 210 g Butter | 210 g Zucker | 1 P. Vanillezucker | 1 Prise Salz | 1 Schuss Rum (38 %) | abgeriebene Schale einer Bio-Zitrone | 1 P. Weinstein-Backpulver | 400 g Mehl | 120 g Rosinen | Mandeln für die Rillen in der Form

ZUBEREITUNG Eier trennen, Butter mit der Hälfte des Zuckers schaumig rühren, nach und nach Dotter und Geschmacksingredienzien zufügen. Eiklar mit dem restlichen Zucker zu festem Schnee schlagen. Ein Drittel des Schnees in den Butterabtrieb einrühren, dann mit Backpulver versiebtes Mehl zufügen, zuletzt den restlichen Schnee und die Rosinen unterheben.
In einen gut mit Butter befetteten und bemehlten Model auf den Boden (in die Rillen) abgezogene Mandeln legen, Gugelhupfmasse in den Model füllen und im vorgeheizten Backofen bei 180 °C Ober- und Unterhitze ca. 45–50 Minuten backen (Nadelprobe machen!).

MARZIPANGUGELHUPF
AUF ANDERE ART

20. JH.

ZUTATEN 150 g Marzipan-Rohmasse | 2 ganze Eier | 4 Dotter | 40 g Staubzucker | 1 Prise Salz | abgeriebene Schale einer Bio-Zitrone | 1 P. Vanillezucker | 4 Eiklar | 40 g Kristallzucker | ein großer Schuss Amaretto (Mandellikör) | 30 g Mais- oder Kartoffelstärke | 120 g Mehl | 50 g flüssige Butter

ZUBEREITUNG Marzipan-Rohmasse mit den ganzen Eiern gut abrühren. Dotter, Staubzucker, Salz, Zitronenschale, Vanillezucker zufügen und schaumig rühren.
Eiklar mit Kristallzucker zu einem schmierigen Schnee schlagen, diesen mit dem Amaretto unter die Marzipanmasse ziehen, zuletzt das mit der Stärke versiebte Mehl unterheben. Die flüssige Butter einrühren.
Die Masse in einen gut befetteten und bemehlten Model füllen und im vorgeheizten Backofen bei ca. 170 °C Ober- und Unterhitze ca. 50 Minuten backen.

Sie können den ausgekühlten Gugelhupf mit Staubzucker bestreuen oder ihn – als besonders festliche Variante – mit heißer Marillenmarmelade bestreichen, mit weißem Zuckerguss (Rezept siehe S. 21) überziehen und mit gerösteten Mandelsplittern bestreuen.

NUSSGUGELHUPF
MIT SCHOKOLADENSTÜCKCHEN

20. JH.

ZUTATEN 8 Eier | 160 g weiche Butter | 40 ml Rum | 1 P. Vanillezucker | 1 Msp. Zimt | 1 Prise Salz | abgeriebene Schale von ½ Bio-Zitrone | 320 g Kristallzucker | 300 g glattes Mehl | 100 g fein geriebene Biskottenbrösel | 180 g geriebene Walnüsse | 150 g grob gehackt Bitterschokolade

ZUBEREITUNG Eier trennen, Butter mit Rum, Vanillezucker, Zimt, Salz und Zitronenschale gut cremig rühren, Dotter nach und nach einrühren. Eiklar mit der Hälfte des Kristallzuckers cremig schlagen, restlichen Zucker einrieseln lassen und weiterschlagen, bis sich der Zucker aufgelöst hat (der Schnee soll aber nicht zu fest werden). Mehl mit Bröseln und Nüssen vermischen.
Die Hälfte des Schnees zur Dottermischung geben, vorsichtig untermischen, dann restlichen Schnee und Mehlgemisch unterheben, zuletzt die Schokoladestückchen untermischen.
In einer gut befetteten und mit Mehl bestreuten Gugelhupfform ca. 1 Stunde bei 180 °C Ober- und Unterhitze backen.

NUSSGUGELHUPF
AUF ANDERE ART

20. JH.

ZUTATEN 7 Eier | 160 g weiche Butter | 1 P. Vanillezucker | 1 Msp. Zimt | 1 Prise Salz | 160 g Kristallzucker | 60 g glattes Mehl | 100 g geriebene Haselnüsse | 100 g geriebene Walnüsse | 160 g fein geriebene Biskottenbrösel

ZUBEREITUNG Eier trennen, Butter mit Vanillezucker, Zimt und Salz sehr cremig rühren, Dotter nach und nach einrühren. Eiklar mit dem Kristallzuckers (nach und nach einrieseln lassen) cremig schlagen (der Schnee soll nicht zu fest werden). Mehl mit Nüssen und Bröseln vermischen. Schnee und Mehlgemisch vorsichtig unter die Dottermischung heben.
In einer gut befetteten und bemehlten Gugelhupfform ca. 1 Stunde bei 180 °C Ober- und Unterhitze backen.

Sie können die Masse auch in 4 kleine Förmchen mit etwa 500 ml Fassungsvermögen füllen. Die kleinen Gugelhüpfchen haben eine Backzeit von ca. 30 Minuten (auf jeden Fall Nadelprobe machen!).

ARANZINI-SCHOKOLADEN-GUGELHUPF

20. JH.

ZUTATEN 5 Eier | 250 g Butter | 80 g Staubzucker | 1 P. Vanillezucker | abgeriebene Schale von ½ Bio-Zitrone | 1 Prise Salz | 150 g Kristallzucker | 250 g glattes Mehl | 100 g klein gewürfelte Aranzini | 50 g grob geraspelte Kochschokolade

ZUBEREITUNG Eier trennen, Butter mit Staubzucker und Vanillezucker, Zitronenschale und Salz schaumig rühren, Dotter nach und nach zugeben. Eiklar mit der Hälfte des Kristallzuckers zu einem cremigen Schnee schlagen, dann restlichen Zucker zufügen und so lange weiterschlagen, bis sich der Zucker aufgelöst hat, der Schnee sollte aber nicht zu fest werden.
Ein Drittel vom Schnee mit dem Butterabtrieb gut verrühren, zuerst Mehl und restlichen Schnee, dann Aranzini und Schokolade unterheben.
Den Teig in einen gut befetteten und bemehlten Model füllen und im vorgeheizten Backofen bei 170 °C Ober- und Unterhitze etwa 1 Stunde backen (Nadelprobe machen!).

KOKOS-INGWER-GUGELHUPF

20. JH.

ZUTATEN 200 g glattes Mehl | 30 g Maisstärke | ½ TL Backpulver | 80 g Kokosraspel | 4 Eier | 3 EL Milch | 250 g Butter | 200 g Kristallzucker | 1 P. Vanillezucker | 1 Prise Salz | 30 g frischer Ingwer, kleinwürfelig geschnitten | 60 g kandierter Ingwer, kleinwürfelig geschnitten

ZUBEREITUNG Mehl mit Maisstärke und Backpulver versieben, Kokosraspel untermischen. Eier mit Milch vermischen. Weiche Butter mit Kristallzucker, Vanillezucker und einer Prise Salz sehr cremig rühren. Eiermilch nach und nach unterrühren (die Masse wird relativ flüssig, keine Sorge, das ist normal). Mehl-Kokos-Mischung und Ingwerwürfel einrühren.
In einen befetteten und mit Bröseln oder Mehl ausgestreuten Model füllen, auf unterster Schiene im Backofen bei ca. 180 °C Ober- und Unterhitze ca. 1 Stunde backen.

ARANZINI-SCHOKO-
LADEN-GUGELHUPF

MOHN-NUSS-GUGELHUPF
MIT WEISSER KUVERTÜRE

20. JH.

ZUTATEN 8 Eier (ca. 500 g) | 50 g Mehl | 300 g gemahlener Mohn | 200 g fein geriebene Haselnüsse | 150 g Butter | 80 g Staubzucker | 1 P. Vanillezucker | abgeriebene Schale von ½ Bio-Zitrone | 1 Prise Salz | 1 Msp. Zimt | 200 g Kristallzucker
GLASUR 300 g weiße Kuvertüre | gehackte Pistazien zum Bestreuen

ZUBEREITUNG Eier trennen, Mehl mit Mohn und Haselnüssen vermischen. Butter mit Staubzucker, Vanillezucker, Zitronenschale, Salz und Zimt gut cremig rühren, dann Dotter nach und nach einrühren. Eiklar mit Kristallzucker zu einem cremigen Schnee schlagen, ein Drittel vom Schnee mit der Dottermasse zügig verrühren, restlichen Schnee und die Mohnmischung mit einem Spatel unterheben.
In einem gut befetteten und mit Bröseln ausgestreuten Model bei 170 °C Ober- und Unterhitze etwa 1 Stunde backen.
Nach dem Auskühlen mit über einem Wasserbad geschmolzener Kuvertüre überziehen und mit Pistazien bestreuen.

Die Gugelhupfe waren früher eher selten mit Schokolade glasiert, weiße Kuvertüre gab es ohnehin nicht. Wenn glasiert wurde, dann eher mit Zucker- oder Zitronenglasur.

ERDÄPFEL-MOHN-GUGELHUPF
GLUTENFREI

2. HÄLFTE 19. JH.

ZUTATEN 7 Eier | 50 g Butter | 150–200 g Zucker | 600 g mehlige Erdäpfel, gekocht und passiert | 200 g geriebener Mohn

ZUBEREITUNG Eier trennen, Butter und Dotter mit 2/3 des Zuckers schaumig rühren, die passierten Erdäpfel untermengen. Eiklar mit dem restlichen Zucker zu festem Schnee schlagen, mit dem Mohn vermengen und mit der Erdäpfelmasse vermischen. Die Masse in eine befettete, mit Bröseln ausgestreute Gugelhupfform füllen, die ersten 10 Minuten bei 200 °C Ober- und Unterhitze backen, Hitze auf 180 °C reduzieren und noch weitere 40 Minuten backen (unbedingt Nadelprobe machen!).

Achten Sie bitte darauf, dass Sie wirklich mehlige Kartoffel verwenden! Da für diesen Gugelhupf nur Kartoffeln, Mohn und kein Mehl verwendet werden, ist er auch für Personen geeignet, die an Glutenunverträglichkeit leiden.

MOHN-NUSS-GUGEL-HUPF MIT WEISSER KUVERTÜRE

MOHNGUGELHUPF
GLUTENFREI

20. JH.

ZUTATEN 7 Eier | 150 g Butter | 1 Prise Salz | 80 g Staubzucker | 8 g Vanillezucker | 8 g Backpulver | 120 g Kristallzucker | 250 g geriebener Mohn

ZUBEREITUNG Eier trennen, Butter mit Dottern, Salz und Staubzucker schaumig rühren, den Vanillezucker und das gesiebte Backpulver gut untermengen, dann die Eiklar mit dem Kristallzucker zu einem schmierigen Schnee schlagen und unter die Buttermasse rühren, zuletzt den Mohn untermengen. In eine gut befettete und bemehlte Gugelhupfform füllen und bei 170 °C Ober- und Unterhitze ca. 50 Minuten backen (Nadelprobe machen!).

Den Gugelhupf entweder nur mit Staubzucker bestreuen oder mit einer Zitronenglasur (Rezept siehe S. 22) überziehen.

MOHNGUGELHUPF AUF ANDERE ART
GLUTENFREI

20. JH.

ZUTATEN 6 Eier | 200 g Butter | 200 g Zucker | 200 g geriebener Mohn | 200 g geriebene Walnüsse | ½ P. Backpulver | 1 Prise Salz

ZUBEREITUNG Eier trennen, Butter abtreiben, Zucker, Dotter, Mohn, Nüsse und gesiebtes Backpulver dazugeben und weiterrühren, zum Schluss den mit einer Prise Salz steif geschlagenen Schnee vorsichtig unterziehen. In einem gut befetteten und bemehlten Model bei 175 °C ca. 50 Minuten backen (Nadelprobe machen!).

Den Gugelhupf falls gewünscht mit Schokoladenglasur (Rezept siehe S. 21) überziehen.

MARIAZELLER ÖLGUGELHUPF

20. JH.

ZUTATEN 4 Eier | 150 g Mehl | 100 g geriebene Mandeln oder Nüsse | 1 TL Backpulver | 125 ml Sonnenblumen- oder Rapsöl | 200 g Zucker | 1 P. Vanillezucker | 1 Prise Salz

ZUBEREITUNG Eier trennen, Mehl mit Mandeln oder Nüssen und Backpulver gut vermischen.
Öl mit den Dottern, Zucker und Vanillezucker sehr schaumig rühren, Eiklar mit Salz zu festem Schnee schlagen, einen Teil des Schnees unter die Dottermasse heben, dann Mehl mit Mandeln und zuletzt den Rest des Schnees unterheben.
In einer gut befetteten und bemehlten Gugelhupfform im vorgeheizten Backofen bei 170 °C langsam etwa 1 Stunde backen (Nadelprobe machen!), nach dem Abkühlen stürzen und mit viel Staubzucker bestreuen.

Wissenswert

Mariazell

in der Steiermark ist der berühmteste Marienwallfahrtsort Österreichs und ehemals der gesamten K.-u.-k.-Monarchie Österreich-Ungarns. Das Marienbild, eine spätromanische kleine Holzstatue der Madonna mit Kind, wird als „Mater magna Austriae" und in Ungarn als „Magna Hungarorum Domina" verehrt.

IRENES ÖLGUGELHUPF

20. JH.

ZUTATEN 4 Eier | 1 Prise Salz | 125 ml Wasser | 100 ml Öl | 1 P. Vanillezucker | 250 g Staubzucker | 1 Msp. Backpulver | 280 g Mehl | 1 Handvoll Rosinen | abgeriebene Schale einer Bio-Zitrone

ZUBEREITUNG Eier trennen, Eiklar mit Salz zu steifem Schnee schlagen. Wasser mit Öl versprudeln, dann mit Dottern, Vanillezucker und Staubzucker schaumig rühren, dann das mit Backpulver versiebte Mehl und Zitronenschale unterrühren, zuletzt Schnee und Rosinen unterziehen.
In eine gut befettete und bemehlte Gugelhupfform füllen und ca. 50 Minuten bei 190 °C im vorgeheizten Backofen backen.

Dieses Wiener Familienrezept von Dr. Nelli Doujak kann abgewandelt werden: 280 g Mehl durch 200 g Mehl und 100 g geriebene Haselnüsse ersetzen.

BIERGUGELHUPF
MIT ZUCKERGUSS

20. JH.

ZUTATEN 100 g Rosinen | 175 ml helles Bier | 1 Schuss Rum | 8 Eier | 100 g zimmerwarme Butter | 180 g Staubzucker | 100 g Keks- oder Biskottenbrösel | 80 g geriebene Mandeln | 80 g Kristallzucker | 1 Prise Salz | 20 g Maisstärke | abgeriebene Schale von ½ Bio-Zitrone | 1 Prise Zimt
BIER-ZUCKERGUSS (Rezept siehe S. 22) | Mandeln zum Verzieren

ZUBEREITUNG Die Rosinen mit Bier und etwas Rum ca. 1 Stunde marinieren, dadurch bekommt der Gugelhupf eine herrliche Biernote. Eier trennen, weiche Butter mit Staubzucker schaumig rühren, nach und nach die Dotter zufügen, die Brösel und Mandeln sowie die Rosinen mitsamt der Marinade dazugeben. Eiklar mit Kristallzucker und Salz zu einem festen Schnee schlagen, die Stärke vorsichtig unterrühren und den Schnee unter die Buttermasse heben. Zitronenschale und etwas Zimt einrühren, die Masse in eine befettete und bemehlte Gugelhupfform füllen. Im vorgeheizten Backofen bei 180 °C Ober- und Unterhitze ca. 45 Minuten backen.
Den Bier-Zuckerguss wie auf S. 22 beschrieben zubereiten und über den gestürzten, ausgekühlten Gugelhupf gießen, mit Mandeln verzieren.

Wer keine Rosinen mag, kann für die Teigmasse anstatt der eingeweichten Rosinen nur das Bier, aber dafür ein intensiveres oder einreduziertes Bier verwenden.

WIENER ÖLGUGELHUPF
(MARMORIERT)

20. JH.

ZUTATEN 6 Eier | 90 g Staubzucker | 1 P. Vanillezucker | 1 Prise Salz | 125 ml Raps- oder Sonnenblumenöl | 90 g Kristallzucker | 130 g Mehl | 50 g ungesüßtes Kakaopulver

ZUBEREITUNG Eier trennen, Dotter mit Staubzucker, Vanillezucker und Salz schaumig rühren, nach und nach unter Rühren langsam das Öl zugießen, bis die Masse deutlich an Volumen zugenommen hat. Eiklar mit Kristallzucker zu festem Schnee schlagen, Mehl und Schnee vorsichtig unter die Dottermasse heben. In die Hälfte der Masse das Kakaopulver einrühren, am besten mit einem Schneebesen.
In einen gut befetteten und bemehlten Model abwechselnd helle und dunkle Teigmasse schichtweise einfüllen, mit einem Kochlöffelstiel spiralförmig umrühren und im vorgeheizten Backofen bei 180 °C ca. 45 Minuten backen.

BIERGUGELHUPF MIT ZUCKERGUSS

KÜRBISKERNÖLGUGELHUPF
(MARMORIERT)

20. JH.

ZUTATEN GRÜNE MASSE 2 Eier | 1 Prise Salz | 120 g Kristallzucker | ½ P. Vanillezucker | 125 ml Kürbiskernöl | 80 ml Wasser | 120 g Weizenmehl | 1 TL Weinstein-Backpulver
HELLE MASSE 2 Eier | 1 Prise Salz | 120 g Kristallzucker | ½ P. Vanillezucker | 125 ml Rapsöl | 80 ml Wasser | 120 g Mehl | 1 TL Weinstein-Backpulver

ZUBEREITUNG Beide Teigmassen auf die gleiche Art und Weise zubereiten: Eier trennen, Eiklar mit etwas Salz zu steifem Schnee aufschlagen. Dotter, Zucker, Öl und Wasser sehr schaumig aufschlagen. Mehl mit Backpulver versieben und abwechselnd mit dem Schnee unter die Dottermasse heben.
In eine gut befettete und mit Bröseln ausgestreute Gugelhupfform löffelweise abwechselnd die helle und die grüne Masse einfüllen und einen Kochlöffelstiel spiralförmig durch die beiden Massen ziehen.
Im vorgeheizten Backofen bei 180 °C Umluft (!) auf Sicht ca. 40 Minuten backen.

KÜRBISKERNÖLGUGELHUPF

20. JH.

ZUTATEN 4 Eier | 125 ml Wasser | 150 g Staubzucker | 1 P. Vanillezucker | 1 Prise Salz | 125 ml Kürbiskernöl | 100 g Kristallzucker | ½ P. Backpulver | 250 g Mehl | gehackte Kürbiskerne zum Ausstreuen

ZUBEREITUNG Eier trennen, Dotter, Wasser Staubzucker, Vanillezucker, Salz und Kernöl schaumig rühren. Eiklar mit Kristallzucker nicht ganz steif schlagen. Dottermasse mit 1/3 des Eischnees und dem mit Backpulver versiebten Mehl glatt rühren, dann den restlichen Schnee unterziehen.
Den Model gut befetten und mit gehackten Kürbiskernen ausstreuen, die Masse einfüllen und bei 170 °C Ober- und Unterhitze im vorgeheizten Backofen ca. 1 Stunde backen.
Den Gugelhupf mit einer beliebigen Glasur überziehen.

Das Rezept ist dem Buch „Das Kürbis- und Kernöl-Kochbuch", Verlag für Sammler, 1995, entnommen.

Wissenswert

Kürbiskernöl

Das fast schwarze Öl aus gerösteten Kernen einer speziellen Kürbisart, dem Ölkürbis (lat. *curcubita pepo var. styriaca*), wird in der Steiermark, wo er ideale klimatische und geologische Voraussetzungen für den Anbau hat, auch „Schwarzes Gold" genannt. Dieses Öl hat einen nussigen Geschmack, eignet sich für Salate, Gemüse und auch süße Speisen, wird aber immer nur kalt verwendet, nie erhitzt. Es ist kostbar und nicht lange haltbar, daher werden die gerösteten Kürbiskerne richtig gelagert und das ganze Jahr über in kleinen Mengen gepresst.
ACHTUNG: Kernöl verursacht auf Tischwäsche oder Kleidung grüne Flecken, die beim Waschen nicht herausgehen, legt man jedoch das Wäschestück in die Sonne, verschwinden die Flecken.

KÜRBISKERNÖL-MARMORGUGELHUPF

KAROTTENGUGELHUPF
GLUTENFREI

20. JH.

ZUTATEN 5 Eier | 250 g Zucker | 1 TL Rum | 250 g rohe, sehr fein geriebene Karotten | abgeriebene Schale einer Bio-Zitrone | 1 Prise Salz | 250 g geriebene Mandeln | 50 g Kartoffelstärke | ½ P. Weinstein-Backpulver | Mandeln für den Boden

ZUBEREITUNG Eier trennen, Dotter, Zucker, Rum schaumig rühren, dann Karottenraspel und Zitronenschale zugeben und verrühren, Eiklar mit Salz zu steifem Schnee schlagen, vorsichtig unter die Karottenmasse mengen, zuletzt die geriebenen Mandeln, die vorher mit der Stärke und dem Backpulver vermischt wurden, unterrühren.
In einem befetteten, mit Bröseln ausgestreuten Model, in dessen Bodenrillen Mandeln gelegt wurden, bei 190 °C Ober- und Unterhitze ca. 1 Stunde backen.

Dieser Gugelhupf ist saftig und bleibt einige Tage frisch, er schmeckt angezuckert sehr gut, er verträgt aber auch eine weiße Glasur.

PUNSCH-GUGELHUPF

20. JH.

ZUTATEN ORANGENPUNSCH ca. 1 EL Früchtetee| abgeriebene Schale einer Bio-Orange | 1 kleine Zimtrinde, 1 Stk. Sternanis| einige Gewürznelken | 70 ml Wasser | 40 ml Orangensaft | 15 g Feinkristallzucker | 14 ml Rum oder Cointreau | 20 g Aranzini, fein gehackt
RÜHRTEIG 130 g Butter | 65 g Staubzucker | abgeriebene Schale von ½ Bio-Orange und ½ Bio-Zitrone | 1 P. Vanillezucker | 2 g Zimt | 3 Eier | 50 g Feinkristallzucker | 160 g Weizenmehl | 20 g fein gehackte Kuvertüre | 30 g geriebene weiße Mandeln (Mandelmehl)

ZUBEREITUNG Für den Punsch Tee, Orangenschale und Gewürze in eine kleine Kasserolle geben, mit kochendem Wasser aufgießen und ca. 10 Minuten ziehen lassen, abseihen, mit Saft mischen, erneut erhitzen, Zucker und Rum oder Cointreau einmengen. Die Aranzini in den heißen Punsch geben, ziehen lassen, bis der Ansatz kalt ist und dann abseihen.
Für den Rührteig Butter, Zucker, Orangen- und Zitronenschale und Vanillezucker mit Zimt schaumig rühren. Eier trennen, Dotter mit 80 ml vom Punsch schaumig rühren, nach und nach den Butterabtrieb beimengen.
Eiklar mit Zucker zu einem festen Schnee schlagen. Mehl, Kuvertüre und Mandeln trocken vermengen. Zuerst die vorhin beiseite gegebenen abgeseihten Aranziniwürfel unter den Butterabtrieb heben, danach vorsichtig Schnee und Mehlgemisch unter die Masse ziehen.
Bei 180 °C Ober- und Unterhitze ca. 50 Minuten backen.

KAROTTENGUGELHUPF

GLÜHWEIN-ORANGEN-GUGELHUPF
FÜR DIE ADVENTJAUSE

20. JH.

ZUTATEN GLÜHWEIN ca. 65 ml Rotwein | abgeriebene Schale einer Bio-Orange | 1 Gewürznelke | ½ Zimtstange
RÜHRTEIG 3 Eier | 150 g Butter | 150 g Staubzucker | 1 P. Vanillezucker | 75 g geriebene Schokolade | ½ P. Backpulver | 150 g glattes Mehl | 1 Prise Salz

ZUBEREITUNG Für den Glühwein Rotwein mit Orangenschale, Gewürznelke und Zimtstange aufkochen, zugedeckt auskühlen lassen und danach durch ein Sieb seihen.
Für den Rührteig Eier trennen, Butter mit Staub- und Vanillezucker sowie Dottern schaumig rühren, anschließend den ausgekühlten Glühwein einrühren und Schokolade und mit Backpulver versiebtes Mehl untermengen. Zuletzt die Eiklar mit einer Prise Salz zu festem Schnee schlagen und unter die Dottermasse heben.
Masse in eine gut befettete und mit Bröseln ausgestreute Gugelhupfform füllen und im Backofen bei 180 °C Ober- und Unterhitze ca. 50 Minuten backen.

Zu diesem Gugelhupf passt sehr gut ein Orangen-Sabayon. Dafür 2 Dotter mit 3 EL Zucker und 2 EL Orangenlikör über Dampf schaumig rühren.

SCHOKOLADENGUGELHUPF

20. JH.

ZUTATEN 100 g Bitterschokolade | 1 EL Butter | 6 Eier | 200 g Butter | 90 g Staubzucker | 1 Prise Salz | 1 P. Vanillezucker | 150 g Kristallzucker | 180 g glattes Mehl | 200 g geriebene Mandeln | 1 TL Backpulver

ZUBEREITUNG Die zerkleinerte Schokolade mit 1 EL Butter langsam schmelzen, dann abkühlen lassen. Eier trennen, 200 g Butter, Staubzucker, Salz und Vanillezucker gemeinsam mit der geschmolzenen Schokolade schaumig rühren, Dotter nach und nach zugeben.
Eiklar mit dem Kristallzucker zu einem cremigen Schnee schlagen, Mehl mit Mandeln und Backpulver vermischen und abwechselnd mit dem Schnee unter die Buttermasse heben.
In einen befetteten und mit Mehl ausgestreuten Model füllen und auf mittlerer Schiene ca. 1 Stunde bei 170 °C Ober- und Unterhitze backen.

GLÜHWEIN-ORANGEN-GUGELHUPF

EIERLIKÖRGUGELHUPF

20. JH.

ZUTATEN 5 Eier | 250 g Staubzucker | 1 P. Vanillezucker | 250 ml Sonnenblumenöl | 250 ml Eierlikör | 250 g glattes Mehl | 1 P. Weinstein-Backpulver | Salz

ZUBEREITUNG Eier, Zucker und Vanillezucker sehr gut schaumig rühren, Öl und Likör langsam einrühren, mit Backpulver versiebtes Mehl und Salz unterheben und in eine gut befettete und bemehlte Gugelhupfform füllen.

Auf mittlerer Schiene ca. 75 Minuten bei 180 °C Ober- und Unterhitze backen (Nadelprobe machen!). Nach dem Auskühlen stürzen und mit Staubzucker oder Zimtzucker bestreuen.

Dieser schmackhafte Gugelhupf kann zusätzlich noch mit einer Zitronen- oder Eierlikörglasur (siehe S. 22) verfeinert werden.

VOLLKORNGUGELHUPF

20. JH.

ZUTATEN 4 Eier | 180 g Butter | 180 g Rohrohrzucker | Saft einer halben Zitrone | 1 P. Vanillezucker | 150 g Rosinen | 200 g Gerstenvollkornmehl | 50 g griffiges Weizenmehl | ½ P. Weinstein-Backpulver | 1 Prise Salz

ZUBEREITUNG Eier trennen, Butter mit Zucker schaumig rühren, Dotter, Zitronensaft, Vanillezucker und Rosinen dazugeben. Mehle mit gesiebtem Backpulver vermischen, mit der Dottermasse gut vermengen. Eiklar mit Salz zu Schnee schlagen und unterheben.
In eine gut befettete und bemehlte Gugelhupfform füllen und bei 180 °C im vorgeheizten Backofen 50 Minuten backen.

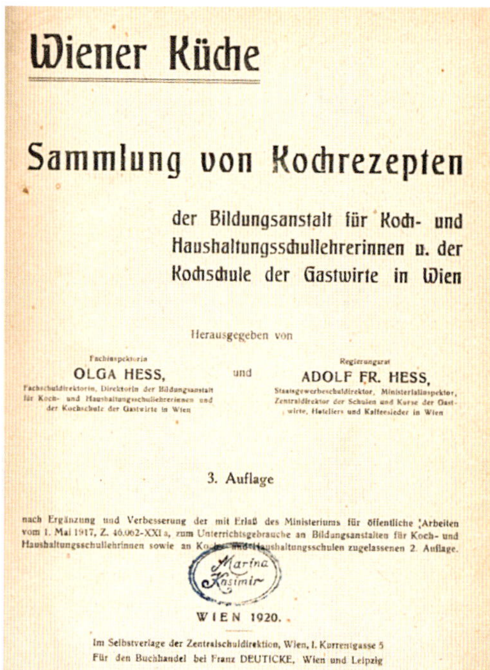

Wiener Küche

Sammlung von Kochrezepten

der Bildungsanstalt für Koch- und Haushaltungsschullehrerinnen u. der Kochschule der Gastwirte in Wien

Herausgegeben von

Fachinspektorin OLGA HESS, Fachschuldirektorin, Direktorin der Bildungsanstalt für Koch- und Haushaltungsschullehrerinnen und der Kochschule der Gastwirte in Wien

und

Regierungsrat ADOLF FR. HESS, Staatsgewerbeschuldirektor, Ministerialinspektor, Zentraldirektor der Schulen und Kurse der Gastwirte, Hoteliers und Kaffeesieder in Wien

3. Auflage

nach Ergänzung und Verbesserung der mit Erlaß des Ministeriums für öffentliche Arbeiten vom 1. Mai 1917, Z. 46.062-XXI a, zum Unterrichtsgebrauche an Bildungsanstalten für Koch- und Haushaltungsschullehrinnen sowie an Koch- und Haushaltungsschulen zugelassenen 2. Auflage.

Marina Kasimir

WIEN 1920.

Im Selbstverlage der Zentralschuldirektion, Wien, I. Korrentgasse 5
Für den Buchhandel bei Franz DEUTICKE, Wien und Leipzig

EIERLIKÖRGUGELHUPF

KLEINE RUMGUGELHÜPFCHEN MIT TROCKENFRÜCHTEN

— FÜR CA. 6-8 MINI-GUGELHUPFFÖRMCHEN —

20. JH.

ZUTATEN 4 Dotter | 100 g Zucker | etwas Zitronensaft | 2 Eiklar Schnee | 70 g feines Mehl | 35 g zerlassene Butter | 150 g klein geschnittene Trockenfrüchte (z. B. Quittenkäse, Aranzini, Feigen, Datteln, Zitronat und Rosinen ...)

Rum zum Beträufeln | Marillenmarmelade | Rumglasur (siehe S. 22) | Schokoladenglasur (siehe S. 21)

ZUBEREITUNG Dotter mit Zucker, und Zitronensaft schaumig rühren, 2 Eiklar zu steifem Schnee schlagen, diesen unterheben, dann gesiebtes Mehl und zerlassene Butter zufügen und gut verrühren, zuletzt die Trockenfrüchte untermischen.
In kleinen, gut befetteten und Gugelhupfförmchen bei 180 °C Ober- und Unterhitze ca. 30 Minuten backen.
Nach dem Auskühlen stürzen und mit Rum beträufeln, mit Marillenmarmelade bestreichen und mit Rumglasur überziehen, mit Schokoladenglasur verzieren.

NOUGATGUGELHUPF

20. JH.

ZUTATEN 250 g Mehl | ½ P. Backpulver | 1 P. Vanillezucker | 150 g Nougat | 3 Eier | 250 g Kristallzucker | 250 ml Obers

ZUBEREITUNG Mehl mit Backpulver und Vanillezucker vermischen und durchsieben, Nougat in kleine Würfel schneiden.
Eier mit Kristallzucker schaumig schlagen, Obers steif schlagen und unter die Eier-Zucker-Masse heben, danach die Mehlmischung vorsichtig unterheben. Zuletzt die Nougatwürfel zugeben.
Die Masse in die befettete und bemehlte Gugelhupfform füllen, den Gugelhupf im auf 180 °C vorgeheizten Backofen 60 Minuten backen, danach auskühlen lassen und stürzen, vor dem Servieren mit Staubzucker bestreuen.

KLEINE RUMGUGELHÜPFCHEN MIT TROCKENFRÜCHTEN

KIRSCHEN-ÖL-GUGELHUPF

20. JH.

ZUTATEN 1 Glas entkernte Kompottkirschen oder Weichseln (350 g Abtropfgewicht) | 6 Eier | 1 Prise Salz | 380 g Zucker | Saft von einer Zitrone | 1 Schuss Rum | 150 g Sonnenblumen- oder Erdnussöl | 450 g Mehl | ½ P. Backpulver

ZUBEREITUNG Die Kirschen abseihen und sehr gut abtropfen lassen. Eier trennen, Eiklar mit Salz zu steifem Schnee schlagen. Zucker, Dotter, Zitronensaft und Rum sehr schaumig rühren, Öl tropfenweise unterrühren. Backpulver mit Mehl versieben und löffelweise dazurühren. Abgetropfte Kirschen beigeben und den Schnee unterziehen.
In einen befetteten und bemehlten Model füllen, im vorgeheizten Backofen bei 180 °C ca. 50 Minuten backen (Nadelprobe machen!).

Im Frühsommer können Sie auch frische, entkernte Kirschen verwenden.

APFEL-NUSS-GUGELHUPF

20. JH.

ZUTATEN 5 Eier | 50 g Kristallzucker | 250 g Butter | 150 g Staubzucker | abgeriebene Schale einer Bio-Zitrone | etwas Zimt | 100 g Schokolade, über Wasserbad erweicht | 2 große Äpfel, geschält und gerieben | 1 Msp. Backpulver | 250 g Mehl | 100 g grob gehackte Walnüsse

ZUBEREITUNG Eier trennen, Eiklar mit Kristallzucker zu festem Schnee schlagen. Butter, Staubzucker und Dotter mit Zitronenschale und Zimt schaumig rühren. Schokolade und Äpfel daruntermischen. Das mit dem Backpulver und den Nüssen vermischte Mehl abwechselnd mit dem Schnee unter die Buttermasse rühren.
In einem gut ausgeschmierten und bemehlten Gugelhupfmodel im vorgeheizten Backofen bei ca. 170 °C 1 Stunde backen (Nadelprobe machen!).

KIRSCHEN-ÖL-GUGELHUPF

Salzige
GUGELHUPFE

GUGELHUPF MAL ANDERS

Wenn man von Gugelhupf spricht, denkt man im Allgemeinen an ein süßes Jausengebäck, also an eine süße Mehlspeise. Zu Zeiten, als Zucker noch ein Luxusgut und Statussymbol war, enthielten die Gugelhupfe keinen oder fast keinen Zucker, man süßte mit Beigaben von getrockneten Früchten oder eventuell Honig, wie schon in vorangegangenen Kapiteln erläutert.

AUS DER NOT EINE TUGEND MACHEN ... PIKANTE KÖSTLICHKEITEN

In der heutigen Zeit konsumieren wir zu viel Zucker, was ist also naheliegender, als ungesüßte Germteige mit anderen vorhandenen Zutaten zu verfeinern und so auch viele „pikante" Versionen zu kreieren? Sie können Germteigen aus weißem oder aus Vollkornmehl viele unterschiedlichste pikante Zutaten beifügen, so z. B. Nüsse, Fleisch, Speck, Käse, Oliven u. v. m. Diese pikanten Massen backen Sie in einer Gugelhupfform und bringen damit ein dekoratives Brot auf den Jausen- oder Festtagstisch.

Unsere salzigen Gugelhupfrezepte sind allesamt Kreationen aus der heutigen Zeit. Es sind lediglich Vorschläge und Anregungen – ganz nach eigenem Geschmack können Sie auch andere Zutaten unter Ihren Teig mischen und so Ihren persönlichen pikanten Gugelhupf erfinden, den Sie an einem gemütlichen Abend zu Bier oder Wein servieren!

„BREZN-GUGELHUPF"
AUS BAYERN

20. JH.

ZUTATEN 6 altbackene Brezen ohne Salz, in Würfel geschnitten | 2 altbackene Semmeln, in Würfel geschnitten | 500 ml heiße Milch | 1 fein gehackte Zwiebel | 60 g Butter | 4 Eier | 1 Bund Petersilie, gehackt | Salz und Pfeffer

ZUBEREITUNG Die Brezen- und Semmelwürfel mit der heißen Milch übergießen und zugedeckt ruhen lassen. Zwiebelwürfel in Butter glasig dünsten. Die Eier trennen, Eiklar zu festem Schnee schlagen. Die eingeweichten Brezen und Semmeln mit der Zwiebel, der Petersilie und den Dottern vermengen, salzen und pfeffern, zum Schluss den Eischnee unterheben.
Die Brezenmasse in den gut befetteten und bemehlten Gugelhupfmodel füllen und im vorgeheizten Backofen bei 160 °C ca. 40–50 Minuten backen.
Kurz ruhen lassen und dann stürzen.

SCHINKEN IM GUGELHUPF

20. JH.

ZUTATEN TEIG 300 g Mehl | 150 ml Milch | 3 Eier | 1 TL Salz | 1 Prise Zucker | 10 g Germ | 100 g Butter
FÜLLE 350 g gekochter Schinken, in dünne Streifen geschnitten | 350 g Faschiertes | 2 Eier | 2 fein geschnittene Schalotten | 1 Knoblauchzehe | 1 Bund Kerbelkraut | Salz und Pfeffer |
geriebene Muskatnuss | gemahlene Nelken

ZUBEREITUNG Für den Teig alle Zutaten (außer der Butter) so lange abschlagen, bis der Teig Blasen aufweist, zuletzt handwarme Butter einarbeiten, mindestens 1 Stunde im Kühlschrank ruhen lassen (kaltgestellter Germteig!).
Für die Fülle die Schinkenstreifen und das Faschierte mischen, Eier, Schalotten, zerdrückten Knoblauch und fein gehacktes Kerbelkraut zugeben, mit den Gewürzen abschmecken.
Den Teig ca. 1 cm dick auswalken und in zwei Hälften teilen, mit der Hälfte eine gut gebutterte Gugelhupfform auskleiden, Füllung hineingeben und mit dem restlichen Teig abdecken. Im vorgeheizten Backofen bei 200 °C etwa 50 Minuten backen.

DREI-KÄSE-GUGELHUPF

21. JH.

ZUTATEN 80 g geriebener Parmesan | 80 g harter Schafkäse (z. B. Pecorino), in kleine Würfel geschnitten | 50 g würziger Hartkäse (z. B. Gruyere, Provolone, Bergkäse), in kleine Würfel geschnitten | 3 Eier | 6 EL Olivenöl | 30 g Germ | 100 ml Wasser | 1 Prise Zucker | 500 g Mehl | 1 TL Salz | 50 ml Olivenöl

ZUBEREITUNG Die drei Käsesorten mit den verschlagenen Eiern und 6 EL Öl mischen und diese Mischung 3–4 Stunden ziehen lassen.

Germ in 100 ml Wasser mit Zucker und etwas vom Mehl auflösen, gehen lassen. Restliches Mehl mit Salz gut vermischen, Olivenöl und aufgelöste Germ zufügen, daraus einen nicht zu festen Teig kneten, diesen bis zum doppelten Volumen gehen lassen. Dann den Teig auf eine bemehlte Arbeitsfläche geben, zusammenschlagen und die Käsemischung einarbeiten, in eine gut befettete und bemehlte Gugelhupfform füllen und zugedeckt nochmals eine Stunde gehen lassen.
Im vorgeheizten Backofen bei 200 °C ca. 40 Minuten backen.

FORELLENKAVIAR-DUNSTGUGELHUPF

CA. 1 LITER

19. JH.

ZUTATEN 3 Eier | 50 g Butter | ca. 200 g Frischkäse (z. B. Philadelphia) | 125 g abgetropfter Magertopfen (oder italienischer Ricotta) | 300–400 g Forellenrogen | 1 Prise Salz und Pfeffer | etwas Zitronensaft | fein gehackte Petersilie | 4 EL Semmelbrösel

ZUBEREITUNG Eier trennen, Eiklar zu steifem Schnee schlagen. Butter mit den Dottern schaumig rühren, Frischkäse und Topfen zufügen und gut verrühren, dann Fischrogen, Salz, Pfeffer, Zitronensaft und Petersilie unterrühren, zuletzt den Schnee und die Semmelbrösel unterheben. Die Masse soll nicht zu flüssig sein (hängt von der Feuchtigkeit des Frischkäses und des Topfens ab), eventuell noch Semmelbrösel zufügen.
In einen sehr gut befetteten und mit Bröseln ausgestreuten Dunstmodel füllen und ca. 45 Minuten im Wasserbad am Herd garen.

Die Zutaten dieses traditionellen Rezeptes wurden an heute erhältliche Lebensmittel angepasst. Die Masse können Sie auch als Füllung für einen Strudel verwenden, der im Backofen bei ca. 180 °C 30 Minuten gebacken wird.

DREI-KÄSE-
GUGELHUPF

GUGELHUPF „AGLI AROMI ITALIANI"

21. JH.

ZUTATEN 30 g Germ | 300 ml Milch | 500 g Mehl | 1 Prise Salz | 4 EL Olivenöl | 1 mittlere Zwiebel | 1 Knoblauchzehe | 15 frische Salbeiblätter | die Nadeln von 3 Zweiglein Rosmarin | 150 g in kleine Würfel geschnittener magerer Speck (oder Prosciutto crudo)

ZUBEREITUNG Die Germ in der lauwarmen Milch auflösen und dann mit Mehl, Salz und Öl vermischen, den Teig abschlagen, bis er Blasen wirft. Zugedeckt an einem warmen Ort in einer Schüssel ca. 1 Stunde gehen lassen.
Inzwischen Zwiebel, Knoblauch Salbei und Rosmarin fein hacken und mit den Speckwürfeln vermengen. Den Teig zusammenschlagen und die Zwiebel-Kräuter-Speck-Mischung unterkneten.
In eine gut befettete und bemehlte Form geben, Oberfläche mit Öl bestreichen, zuerst im vorgeheizten Backofen bei 200 °C ca. 20 Minuten backen, dann Temperatur reduzieren und ca. 25 Minuten weiterbacken, bis der Gugelhupf gar ist (Nadelprobe machen!).

Dieser Gugelhupf schmeckt lauwarm sehr gut, eignet sich aber auch zu einem Glas Wein oder Bier, wenn er kalt ist. Er lässt sich gut auf Vorrat backen und einfrieren – vor dem Servieren langsam auftauen und eventuell kurz im Backofen wärmen.

SAFRAN-NUSS-GUGELHUPF

20. JH.

ZUTATEN 20 g Germ | 100 ml lauwarmes Wasser | 1 EL Zucker | 300 g Mehl | 1–2 TL Salz und Pfeffer | 3 Eier | 1 Sackerl Safranfäden (oder 1 TL Safranpulver) | 100 g Butter | 100 g grob gehackte Walnüsse oder Haselnüsse

ZUBEREITUNG Germ im lauwarmen Wasser auflösen, etwas Zucker und 3 EL vom Mehl dazugeben, Dampfl gehen lassen. Restliches Mehl, Salz, Pfeffer, Eier, in lauwarmem Wasser aufgelösten Safran und die flüssige Butter dazugeben, umrühren, dann das gegangene Dampfl zugeben und einen geschmeidigen Teig abkneten.
Gehen lassen, bis sich das Volumen verdoppelt hat, Nüsse unterkneten und Teig in eine gut befettete und bemehlte Gugelhupfform füllen, nochmals gehen lassen, bei 180 °C ca. 45 Minuten backen.

Dieser Gugelhupf eignet sich sehr gut als Brotersatz für jedes Buffet, zur Jause oder zum Frühstück, oder Sie reichen ihn einfach statt Salzgebäck zu einem Glas Wein.

GUGELHUPF „AGLI AROMI ITALIANI"

WALNUSSGUGELHUPF „UMBRIEN"

20. JH.

ZUTATEN AROMAMISCHUNG
70 g würziger Hartkäse (z. B. Bergkäse, Pecorino) | 50 g Walnusskerne | 50 g Rosinen | 50 g Schmalz | 125 ml Rotwein | 1 EL Olivenöl | Salz und Pfeffer
TEIG 230 g Germ | 300 ml lauwarmes Wasser | 500 g Mehl | 6 EL Olivenöl

ZUBEREITUNG Für die Aromamischung ein bisschen Käse reiben (etwa 1 EL), Rest in kleine Würfel schneiden, Walnusskerne klein schneiden bzw. hacken, mit Rosinen, Schmalz, Rotwein, Olivenöl, Salz und Pfeffer sehr gut vermischen und 2–3 Stunden stehen lassen.
Für das Dampfl die Germ in etwas vom lauwarmen Wasser auflösen und eine Handvoll Mehl zufügen, etwas gehen lassen, dann aus Mehl, Olivenöl, dem restlichen Wasser und dem Dampfl einen nicht zu festen Teig kneten, diesen gehen lassen, bis er sein Volumen verdoppelt hat. Auf einem bemehlten Nudelbrett den Teig nochmals gut durcharbeiten und die Aromamischung einkneten.
Teig in eine gut befettete und bemehlte Gugelhupfform füllen und nochmals 1 Stunde gehen lassen, dann im vorgeheizten Backofen bei 200 °C etwa 40 Minuten backen.

SPECKGUGELHUPF

20. JH.

ZUTATEN 25 g Germ | 1 Prise Zucker | 375 g Mehl | 200 ml Milch | 75 g Butter | 2 TL Salz | 1 Ei | 100 g Walnüsse | 180 g durchwachsener Speck

ZUBEREITUNG Aus Germ, Zucker, etwas Mehl und der Milch wie auf S. 29 beschrieben ein Dampfl ansetzen. Restliches Mehl, zerlassene Butter, Salz und Ei in einer Schüssel mischen, dann das Dampfl dazugeben und einen glatten Teig abkneten.
In einer Schüssel zugedeckt gehen lassen, bis sich das Volumen verdoppelt hat.
Nüsse grob hacken, Speck in feine Streifen schneiden, Teig auf ein bemehltes Nudelbrett geben. Die Nüsse und den Speck in den Teig einarbeiten und diesen in eine gut befettete und bemehlte Gugelhupfform geben, nochmals 20 Minuten gehen lassen und dann im vorgeheizten Backofen bei 180 °C 50–60 Minuten backen.

WALNUSSGUGEL-HUPF „UMBRIEN“

APPETIT-GUGELHUPF

21. JH.

ZUTATEN 40 g Germ | 1 EL Zucker | 200 ml Milch | 600 g Mehl | 125 ml Olivenöl | 1 TL Salz | 150 g Salami | 100 g Käse (z. B. Provolone) | 120 g schwarze, entkernte Oliven | etwas Olivenöl

Germ mit Zucker in der lauwarmen Milch auflösen, etwas Mehl hinzufügen und gehen lassen. Aus dem restlichen Mehl, Öl, Salz und dem Dampfl einen nicht zu festen Germteig schlagen, diesen 1 Stunde gehen lassen.

Salami, Käse und Oliven in kleine Stücke schneiden und mit ein wenig Olivenöl vermischen, den aufgegangenen Teig zusammenschlagen und dann die Salami-Käse-Oliven-Mischung einkneten. In einen gut befetteten Gugelhupfmodel geben und nochmals gut gehen lassen. Im vorgeheizten Backofen bei 180 °C ca. 1 Stunde backen.

EINFACHER GERMGUGELHUPF MIT SCHINKEN

20. JH.

ZUTATEN 1 große Zwiebel | 150 g Butter | 3 Eier | 300 g gekochter Schinken | 1 Prise Salz und Pfeffer | gehackte Petersilie | 300 g Mehl | 100 ml Milch | 20 g Germ

ZUBEREITUNG Zwiebel fein hacken, in etwas Butter und 1 Löffel Wasser dünsten. Restliche Butter mit den Eiern schaumig rühren, dann die gedünstete Zwiebel, den klein geschnittenen Schinken, Salz, Pfeffer und Petersilie einrühren, zuletzt das gesiebte Mehl mit der in der lauwarmen Milch aufgelösten Germ beifügen und einen weichen, geschmeidigen Teig kneten.
Den Teig in eine gut befettete und bemehlte Gugelhupfform füllen, gehen lassen, bis sich das Volumen verdoppelt hat, dann im vorgeheizten Backofen bei 180 °C ca. 50 Minuten backen.

APPETIT-GUGELHUPF

WEIN-KÜRBIS-GUGELHUPF

20. JH.

ZUTATEN 250 ml trockener Wein (z. B. Schilcher, Veltliner) | 500 g Mehl | 42 g Germ | 1 EL Kristallzucker | 1 Ei | 1 TL Salz | 125 g Crème fraîche | 300 g Kürbis, in kleine Würfel geschnitten oder grob geraspelt | 1 TL Rosmarinnadeln, fein gehackt | 100 g Kürbiskerne, gehackt, in der Pfanne angeröstet

ZUBEREITUNG Wein leicht erwärmen, Mehl in eine Schüssel geben, Mulde bilden und die Germ hineinbröseln, Kristallzucker und etwas Wein zugeben, zu einem Dampfl verrühren und zugedeckt an einem warmen Ort 15 Minuten gehen lassen.
Restliche Zutaten in die Schüssel geben und mit dem Handmixer einen glatten Teig kneten, nochmals 15 Minuten gehen lassen, nochmals durchkneten, zu einem Strang rollen und in die befettete und bemehlte Form geben, zugedeckt an einem warmen Ort so lange gehen lassen, bis sich die Masse verdoppelt hat.
Im vorgeheizten Backofen bei 180 °C ca. 55 Minuten backen (Nadelprobe machen!).

KÄSEGUGELHUPF MIT BRIE

21. JH.

ZUTATEN 30 g Germ | 250 ml lauwarme Milch | 2 Dotter | 50 g Butter | 500 g griffiges Mehl | 100 g Topfen | 2 TL Salz | 1 TL Kümmel | 1 TL Anis | 250 g Brie (eventuell mit Rotkultur) | 250 g Geselchtes | 1 fein gehackte Zwiebel

ZUBEREITUNG Germ in etwas lauwarmer Milch auflösen. Dotter und weiche Butter schaumig rühren. Mehl sowie aufgelöste Germ zur Dottermasse geben und abschlagen, dann den passierten Topfen und die Gewürze einrühren, wieder gut abschlagen und zuletzt Käse und Geselchtes in kleine Würfel schneiden und mit sehr fein gehackter Zwiebel unter den Teig mengen.
Den Teig in eine gut befettete und mit Semmelbröseln bestreute Gugelhupfform füllen, an einem warmen Ort aufgehen lassen, bis der Model voll ist.
Im vorgeheizten Backofen bei 170 °C ca.1 Stunde backen.

WEIN-KÜRBIS-GUGELHUPF

Kriegs-Rezepte

REZEPTE AUS NOT- UND KRIEGSZEITEN

77 Jahre Frieden in unseren Landen – eine Seltenheit in der europäischen Geschichte – brachten uns Wohlstand und Wohlergehen, zunehmend leben wir im Überfluss. Wir können uns nur noch schwer in jene Zeiten versetzen, in welchen es kaum das Nötigste gab, das uns heute selbstverständlich ist. Sowohl während des Ersten (1914–1918) als auch des Zweiten Weltkrieges (1939–1945) und in den vorgehenden und nachfolgenden Notzeiten war die Kreativität der Köchinnen aufs Höchste gefordert. Sie mussten aus den wenigen, oft qualitativ minderen vorhandenen Zutaten etwas Schmackhaftes und Kräftigendes zubereiten, das noch dazu an die „guten alten Zeiten" erinnern sollte.

Aus diesem Grund entstand in Kriegs- und Notzeiten eine Vielzahl von neuen Kochbüchern mit Rezepten und Ratschlägen, die den Hausfrauen helfen sollten, trotz aller Knappheit und Sparsamkeit den Hunger zu stillen und dabei noch etwas „Gutes" auf den Tisch zu bringen.

Weder Übergewicht noch zu hohe Cholesterinwerte beschäftigten die Menschen damals, sondern nur die Frage: „Woher nehme ich Eier, Fett, Mehl … und Heizmaterial …?"

Heute sind wir bestrebt, uns „gesund" zu ernähren, was immer man darunter verstehen mag. Ich kann mir gut vorstellen, dass die hier angebotenen Kriegsrezepte dieser Anforderung gerecht werden und auch einmal eine Abwechslung in die Mehlspeisküche bringen. Deshalb sind die folgenden Kriegsrezepte durchaus auch in „fetten" Jahren eine Alternative. Probieren Sie das eine oder andere Rezept einfach aus!

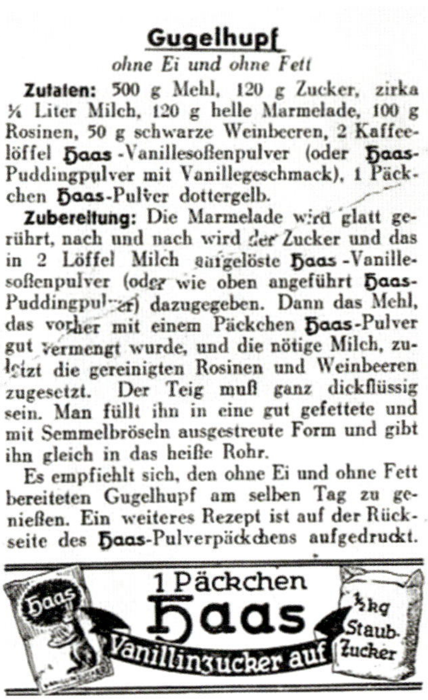

Gugelhupf

ohne Ei und ohne Fett

Zutaten: 500 g Mehl, 120 g Zucker, zirka ¼ Liter Milch, 120 g helle Marmelade, 100 g Rosinen, 50 g schwarze Weinbeeren, 2 Kaffeelöffel Haas-Vanillesoßenpulver (oder Haas-Puddingpulver mit Vanillegeschmack), 1 Päckchen Haas-Pulver dottergelb.

Zubereitung: Die Marmelade wird glatt gerührt, nach und nach wird der Zucker und das in 2 Löffel Milch aufgelöste Haas-Vanillesoßenpulver (oder wie oben angeführt Haas-Puddingpulver) dazugegeben. Dann das Mehl, das vorher mit einem Päckchen Haas-Pulver gut vermengt wurde, und die nötige Milch, zuletzt die gereinigten Rosinen und Weinbeeren zugesetzt. Der Teig muß ganz dickflüssig sein. Man füllt ihn in eine gut gefettete und mit Semmelbröseln ausgestreute Form und gibt ihn gleich in das heiße Rohr.

Es empfiehlt sich, den ohne Ei und ohne Fett bereiteten Gugelhupf am selben Tag zu genießen. Ein weiteres Rezept ist auf der Rückseite des Haas-Pulverpäckchens aufgedruckt.

REZEPT AUS DEM „HAAS-SPARKOCHBUCH", ERSCHIENEN NACH 1938.

BOHNENGUGELHUPF

UM 1914

ZUTATEN 450 g weiße Bohnen | 5 Eier | 375 g Zucker | 100 g grob geriebene Walnüsse | Salz

ZUBEREITUNG Die Bohnen über Nacht einweichen, am nächsten Tag in reichlich Wasser weich kochen (ohne Salz!), dann abseihen, gut abtropfen lassen und passieren.
Eier trennen, Eiklar zu steifem Schnee schlagen. Zucker und Dotter sehr schaumig rühren, Bohnenpüree, Nüsse, Salz und Schnee unterheben und in eine gut befettete und bemehlte Gugelhupfform füllen.
Bei ca. 180 °C Ober- und Unterhitze 45–60 Minuten backen. Eventuell mit Zitronenglasur (Rezept siehe S. 22) überziehen, schmeckt aber auch nur mit Zucker bestreut sehr gut.

In diesem Kriegsrezept (überliefert in zahlreichen handschriftlichen Hausfrauenkochbüchern aus dem Ersten Weltkrieg) werden die teuren Mandeln durch weiße Bohnen ersetzt.

Sie können auch bereits gekochte weiße Bohnen aus der Dose verwenden, diese müssen jedoch sehr gut abgetropft sein! Allerdings ist der Geschmack von frisch gekochten Bohnen, die vorher eingeweicht wurden, wesentlich besser. Bitte beachten Sie in beiden Fällen, dass Sie die abgeseihten, abgetropften Bohnen exakt abwiegen, damit die Masse hält.

Unsere Kriegskost.

290

erprobte österreichische Kriegskochrezepte, unter Berücksichtigung der kriegswirtschaftlichen Verhältnisse und Forderungen neu zusammengestellt.

Mit einem Kapitel

„Was die Hausfrau wissen und jetzt beachten soll".

und einer

„Übersicht über den Stand der Lebensmittelvorräte und Einfuhrmöglichkeiten".

Von

Gisela Urban

Verfasserin des vom k. k. Ministerium des Innern überprüften und genehmigten „Österreichischen Kriegs-Kochbuches".

Der offiziellen Kriegsfürsorge gewidmet.

Seitens des k. k. Ministeriums des Innern vom Standpunkte der allgemeinen Approvisionierungs-Interessen geprüft und genehmigt.

Preis Kronen 1·60.

Nachdruck verboten. — Alle Rechte vorbehalten.

Wien 1916.
Verlag der St. Stefan Wiener Verlags-Ges. m. b. H.
Druck der Hermes Buch- und Kunstdruckerei Ges. m. b. H., Wien 17.

IN NOT- UND KRIEGSZEITEN MUSSTEN HAUSFRAUEN ERFINDERISCH SEIN. ES ERSCHIENEN VIELE KLEINSCHRIFTEN ALS HILFE, DIE DEN MANGEL AN PRODUKTEN BERÜCKSICHTIGTEN UND REZEPTE MIT DEM VORHANDENEN KREIERTEN.

GUGELHUPF AUS ERDÄPFELMEHL
OHNE FETT

1915

ZUTATEN 6 Eier | 210 g Staubzucker | abgeriebene Zitronenschale und Zitronensaft nach Geschmack | 210 g Erdäpfelmehl

ZUBEREITUNG Eier trennen, Staubzucker und Dotter so lange rühren, bis die Masse schaumig und fast weiß ist (das dauerte früher mit Hand gerührt eine halbe Stunde, heute in der Küchenmaschine 5 Minuten). Die Eiklar zu steifem Schnee schlagen und mit den Aromastoffen und dem Erdäpfelmehl vorsichtig unter die Schaummasse rühren.
In einem gut gefetteten und mit Mehl gestaubten Model im vorgeheizten Backofen bei ca. 170 °C etwa 35 Minuten backen.

Interessant ist, dass das Rezept auch im Original Zitronenschale und -saft angibt, obwohl während der Kriegszeit diese Zutat selten und schwierig zu bekommen war.
Das Originalrezept endet mit dem Satz: „Mithin erhält man einen Erdäpfelgugelhupf erster Qualität."

WIENER KRIEGSGUGELHUPF
MIT GERSTEN-, MAIS- UND ERDÄPFELMEHL

1915

ZUTATEN 20 g Germ | ca. 300 ml lauwarme Milch | 200 g Zucker | 200 g Butter (oder Margarine) | 2 Dotter | 1 ganzes Ei | 1 Prise Salz | 2 Löffel Rum oder Arrak | etwas abgeriebene Zitronenschale | 50 g geriebene Mandeln | 100 g Rosinen | 250 g Gerstenmehl | 250 g Erdäpfelmehl | 120 g Maismehl

ZUBEREITUNG Germ in etwas lauwarmer Milch mit etwas Zucker auflösen und gehen lassen. Butter (oder Margarine) mit restlichem Zucker gut abtreiben, dann Dotter und Ei, Salz, Rum und Zitronenschale dazugeben, ebenso die restliche Milch, die Mandeln und Rosinen.
Die drei Mehlsorten mischen und mit dem Butterabtrieb und der aufgelösten Germ zu einem geschmeidigen Teig abschlagen, bis er Blasen wirft. (Dies kann händisch oder in der Küchenmaschine erfolgen.)
Den Teig in eine gut befettete und mit Bröseln bestreute Gugelhupfform geben, zugedeckt eine Stunde an einem warmen Ort gehen lassen und im vorgeheizten Backofen bei 180 °C Ober- und Unterhitze ca. 1 Stunde backen.

Achten Sie bitte darauf, dass Gersten- und Maismehl ganz fein vermahlen sind (so fein wie normales Weizenmehl).

Dieses Rezept wurde der Ergänzung des Kochbuchs „Kriegsküche" der Illustrierten Kronen-Zeitung, Wien 1915, entnommen.

GUGELHUPF AUS ERDÄPFELMEHL OHNE FETT

KRIEGSGUGELHUPF
MIT MAISMEHL

1915

ZUTATEN 4 Eier | 140 g Butter (Margarine) | 120 g Zucker | Salz | abgeriebene Zitronenschale und Zitronensaft nach Geschmack | 1 EL Rum | 1 P. Vanillezucker | 250 g Maismehl (allerfeinst gemahlen) | 1 P. Backpulver | 125 ml Milch

ZUBEREITUNG Eier trennen, Eiklar zu steifem Schnee schlagen. Butter, Dotter, Zucker und Aromen schaumig rühren, dann Maismehl mit Backpulver versieben, mit der Milch unter den Butterabtrieb rühren, zuletzt den Schnee unterziehen
Im gut befetteten und bemehlten Model im vorgeheizten Backofen bei 180–200 °C Ober- und Unterhitze ca. 40 Minuten backen (Nadelprobe machen!).

Das Rezept einer Wiener Hausfrau wurde in der Ergänzung des Kochbuchs „Gute Küche" der Illustrierten Kronen-Zeitung 1915 veröffentlicht.

„BILLIGER GUGELHUPF"
AUS MAISMEHL

1915

ZUTATEN 1 Ei | 40 g Fett | 140 g Staubzucker | abgeriebene Zitronenschale und Zitronensaft nach Geschmack | 600 ml saure Milch | 1 P. Backpulver | 370 g Maismehl

Billiger Gugelhupf aus Maismehl.

370 Gramm Maismehl, 1 Ei, 6 Deziliter sauere Milch, 40 Gramm Fett, 140 Gramm Staubzucker, 1/2 Zitrone, 1 Päckchen Backpulver.

In 6 Deziliter saure oder süße Milch (saure ist dazu besser) sprudelt man 40 Gramm zerlassenes, lauwarmes Fett, 1 Eidotter, Saft und Schale von einer halben Zitrone sowie 140 Gramm Staubzucker. Von 1 Eiklar wird fester Schnee geschlagen, in die abgesprudelte Mischung leicht eingerührt; zuletzt werden 370 Gramm Maismehl und ein Päckchen Backpulver dazugemengt. Ein Gugelhupfbecken wird mit Fett ausgestrichen, mit Zucker oder Maismehl ausgestreut, die Masse eingefüllt (es muß ein Rand von drei Fingerbreiten frei bleiben) und drei Viertelstunden bis eine Stunde langsam im Rohr gebacken. Wenn der Gugelhupf fertig gebacken ist, wird er behutsam auf ein Sieb gestürzt, angezuckert und auskühlen gelassen. Hält sich einige Tage sehr saftig und frisch.

ZUBEREITUNG Ei trennen, Dotter, zerlassenes Fett, Staubzucker, Zitronensaft und -schale in der sauren Milch versprudeln. Das Eiklar zu festem Schnee schlagen und vorsichtig mit der abgesprudelten Mischung verrühren, zuletzt das mit dem Backpulver gut vermischte Maismehl beimengen. In eine sehr gut befettete und mit Maismehl ausgestreute Gugelhupfform füllen und im vorgeheizten Backofen bei ca. 170 °C Ober- und Unterhitze ca. 1 Stunde backen (Nadelprobe machen!).

Achten Sie bitte darauf, dass das Maismehl so fein wie normales Weizenmehl vermahlen ist. Der gröber vermahlene Maisgrieß (Polentagrieß) eignet sich nicht! Dies gilt für alle Rezepte, in welchen Maismehl vorgeschrieben ist.
Dieser Gugelhupf hält sich einige Tage sehr saftig und frisch.

KRIEGSGUGELHUPF
MIT MAISMEHL

GRAHAM-GUGELHUPF

1915

ZUTATEN 4 Eier | 100 g Butter | 100 g Zucker | 1 P. Backpulver | 350 g Grahammehl* | 250 ml Milch | einige geriebene Mandeln | abgeriebene Zitronenschale | eventuell 1 Handvoll Rosinen

ZUBEREITUNG Eier trennen, Eiklar zu steifem Schnee schlagen. Butter, Dotter und Zucker gut schaumig rühren. Dann das gesiebte Backpulver mit dem Mehl vermischen und unter die Buttermasse rühren, Milch und die geriebenen Mandeln unterrühren, zuletzt den Schnee und eventuell Rosinen unterheben.
In einer gut befetteten und mit Mehl bestreuten Gugelhupfform im vorgeheizten Backofen bei 180 °C Ober- und Unterhitze ca. 45 Minuten backen (Nadelprobe machen!).

Grahammehl ist eine Mischung aus:* **Weizenmehl, Urdinkelmehl, Weizenschrot und Kleie. *Grahammehl enthält sowohl den Keimling (Vitamin B + E) der Getreidekörner als auch die Kleie (Ballaststoffe) und besitzt somit die ganze Kraft des Korns.*

Der Graham-Gugelhupf ist dem „Kochbuch für fleischlose Kost“ von Helene Reitter, Wien 1915, entnommen.

GUGELHUPF OHNE FETT UND EI

GLUTENFREI

1919

ZUTATEN 250 g Maismehl | 70 g Zucker | ½ P. Backpulver | abgeriebene Zitronenschale und Zitronensaft nach Geschmack | 250 ml kalte Milch

ZUBEREITUNG Maismehl, Zucker und Backpulver gut vermischen, dann Zitronenschale und -saft zufügen und mit der kalten Milch gut verrühren. Masse in einen gut befetteten und bemehlten Model füllen und bei 170 °C ca. 45 Minuten backen.

Variation: *Statt der Zitrone kann man einen Teelöffel Zimt und etwas Rum in die Masse geben.
Reicht man den Gugelhupf warm, so serviert man Milch oder Fruchtsauce dazu, kalt reicht man ihn zum Kaffee.*

Der Gugelhupf ohne Fett und Ei ist ebenfalls aus einem Buch von Helene Reitter: „Kochbuch für fleischlose, fettlose und eiersparende Kost“, 1919.

GRAHAM-
GUGELHUPF